福岡伸一

レシピ制作　松田美智子

生物学者と料理研究家が考える

「理想のレシピ」

日刊現代／講談社

JN044233

はじめに

人は、カップラーメンだけで生きていけるのか

もしカップラーメンだけで生活したらどうなるだろうか。栄養失調に陥るだろうか。あるいはハンバーガーだけで生活したら……？

カップラーメン1個のカロリーは、およそ351㎉（キロカロリー）（日清食品のカップヌードルを例にする ＊表①参照）。ハンバーガーのカロリーはおよそ307㎉（種類によって異なるので、ここではマクドナルドのチーズバーガーを例とする ＊表②参照）。

日本人の一日に必要な食事カロリー数の標準値は、厚労省の統計によれば、男2300㎉、女1900㎉（いずれも50歳）。男女差は体格（体重）差による。平均値を2100㎉とすると、カップラーメンなら一日6個、ハンバーガーなら7個食べると、一日の必要カロリーを充足することになる。

食事のカロリー源は、主に炭水化物と脂質であり、体温の維持、運動、基本的な代謝反応などに使われる。つまり体内に取り込まれたあと、エネルギーとなって燃焼される。燃焼されると消えてしまから（燃えカスは二酸化炭素と水となって排泄される）、また次の日、補給が必

表① チーズバーガーとカップ麺の栄養素は？

	チーズバーガー	カップ麺
エネルギー	307kcal	351kcal
タンパク質	15.7g	10.5g
脂質	13.4g	14.6g
炭水化物	31.0g	44.5g
食塩相当量	1.8g	4.9g
カルシウム	118mg	105mg
ビタミン B_1	0.1mg	0.19mg
ビタミン B_2	0.15mg	0.32mg

㈱日本マクドナルドのチーズバーガーと㈱日清食品のカップヌードルの数値
＊いずれも両社のホームページより

要となる。自動車にガソリンを入れるようなものである。

カロリーは充足できるとして、カロリーにはならない他の必須栄養素、たとえばナトリウム、カリウム、カルシウム、リン、鉄などのミネラル、あるいは各種ビタミン類は、カップラーメンもしくはハンバーガーだけで足りるだろうか。

表を見ていただきたい。チーズバーガー一個には、ナトリウム７２９mg、カリウム２３０mg、カルシウム１１８mg、リン１８２mg、鉄１・２mgが含まれている。7個食べると、この7倍、ナトリウム５１０３mg、カリウム１６１０mg、カルシウム８２６mg、リン１２７４mg、鉄８・４mgとなる。

一方、日本人（50歳）の一日に必要な食事由来のミネラル摂取の推奨量は、ナトリウム６００mg、カリウム２０００mg、カルシウム６００mg、リン

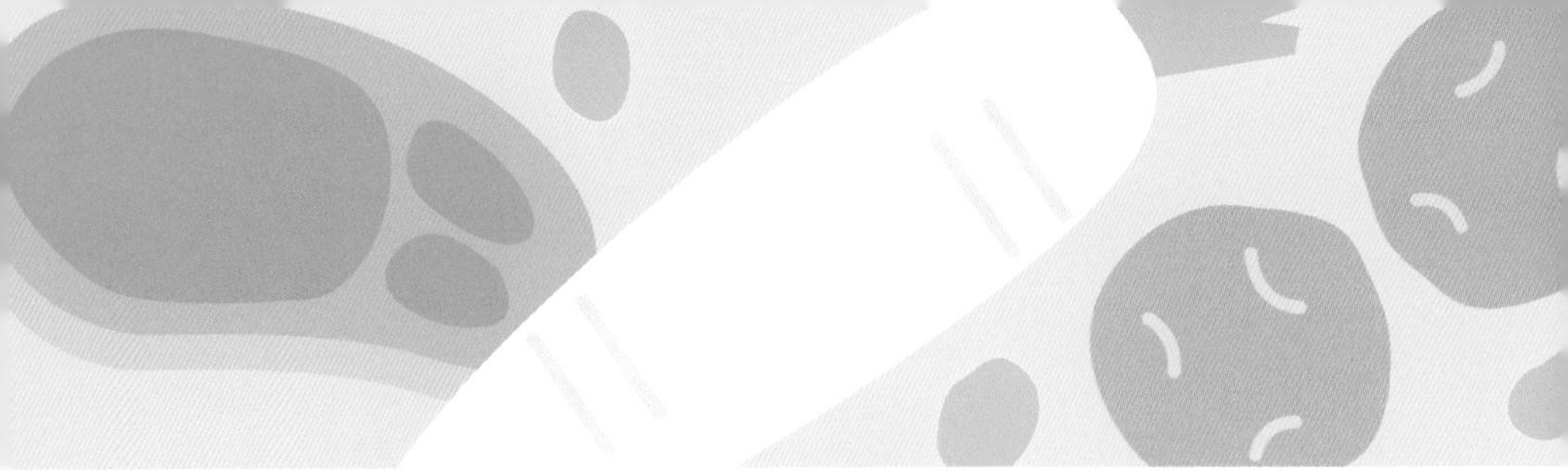

表②　チーズハンバーガーのその他の必須栄養素は？

ナトリウム	720mg
カリウム	210mg
カルシウム	118mg
リン	182mg
鉄	1,2mg
ビタミンA	57μg
ビタミンB_1	0.1mg
ビタミンB_2	0.15mg
ビタミンC	1mg
ナイアシン	5.3mg
コレステロール	37mg

㈱日本マクドナルドのチーズバーガー。同社ホームページより.

７００㎎、鉄10・12㎎（経血があるので女性の方が必要量は多くなる）である。

カップラーメンやハンバーガーだけで生活しても、骨や歯のために必要なカルシウム、血液成分の鉄など重要なミネラルが不足することはない（カリウムはやや少なめとなる）。

しかし、ナトリウムは大幅に過剰摂取してしまうことになる。ナトリウムは食品中では、ほとんど塩化ナトリウム、つまり食塩の形で含まれている。食塩の量は、ナトリウムの量に係数2・54をかけると算出できる。

チーズバーガー7個分のナトリウムは５１０３㎎、これを食塩に換算すると12・96g。日本人の食塩摂取推奨値は、理想的

には、1・5g（600ミリグラム×2・54）、高血圧予防のためには、6g未満が推奨されている。

つまり、カップラーメンやハンバーガーだけを食べていると、カロリーやカルシウム、鉄は充足するものの、食塩摂取は大幅に過剰になってしまうのだ。

では、ビタミン類は、どうだろうか。

チーズバーガー1個には、ビタミンA 57μg（マイクログラム）、ビタミンB1 0・1mg、ビタミンB2 0・15mg、ナイアシン 5・3mg、ビタミンC 1mgが含まれている。7個食べると、この7倍、ビタミンA 413μg、ビタミンB1 0・7mg、ビタミンB2 0・112mg、ナイアシン37・1mg、ビタミンC 7mgとなる。

日本人の一日のビタミン摂取基準量（50歳）は、ビタミンAは男900μg、女700μg、ビタミンB1は男1・3mg、女1・1mg、ビタミンB2は男1・5mg、女1・2mg、ナイアシンは男14mg、女11mg、ビタミンCは男女ともに100mgとされている。


この数字からわかるように、ナイアシン以外は、どれも基準量に満たない。もしチーズバーガーだけで、ビタミンCを取ろうとすると、基準量に達するには100個食べなければならないことになる。オーバーカロリー、オーバー食塩になってしまう。

この計算をカップラーメンで行うと同じような結果が出る。

もちろん、摂取基準量は安全率が掛けてあるので、基準を下回ったからといって、すぐに脚気や壊血病などのビタミン欠乏症状が出ることはない。

とはいえ、これらの人気ファストフードは、人々の嗜好を刺激し、インパクトのある濃い味付けになっている（つまり塩味が強い）ので、その場の食欲を満たすことはできても、栄養面で見ると極めてバランスのわるい食品といえる。

カップラーメンやハンバーガーだけを食べ続けても、急に病気になったり、栄養失調になったり、あるいは生命に危険が及ぶことはない。一方で、このような食材を食べ続けることは、生命の〈動的平衡〉を乱すことになるだろう。

本書は、「人間にとって理想の食とはなにか」をテーマとした、生物学を専門とする私と日本の料理界、とりわけ家庭料理の領域において第一線で活躍する松田美智子氏によるコラボレーション本である。

第1章からは、「生命とは何か」「食とは何か」について科学史を紐解きながら、生物学的観点から述べていきたい。

第2章では、松田美智子氏考案の「理想の食」のレシピを、2人の解説を交えながら紹介していく。

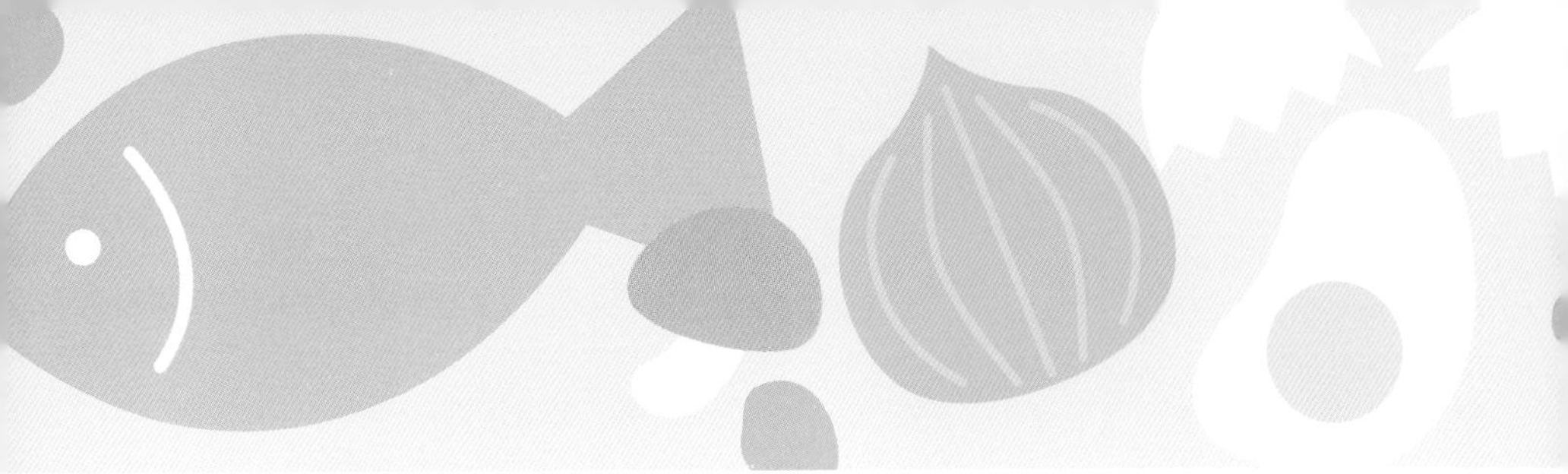

第1章はやや難解な部分もあるかもしれない。しかし、生物学的見地からの「理想の食」を考えるとき、ぜひ知っておいていただきたいことなのである。

「食」の重要性を考える読者の方々に喜んでいただけることを願ったやまない。

２０２４年1月　福岡伸一

もくじ

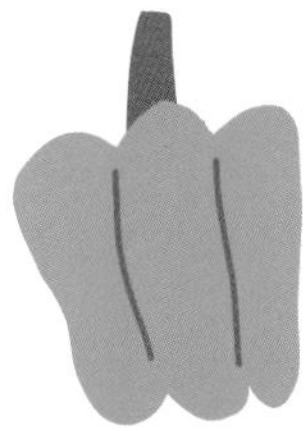

構成・溝呂木大祐（スタジオ・ソラリス）
イラスト・溝呂木一美（スタジオ・ソラリス）
料理写真・中西直樹

第1部

「動的平衡」から読み解く生物としての人間の「理想の食」

福岡伸一

「今日のあなたは、昨日あなたが食べたものでできている。明日のあなたは、今日あなたが食べるもので生まれ変わる」長年、生物学研究の世界で生きてきた私はこう考えます。

つまり、あなたがどんなものを、どう食べるかは、生物であるあなたの「在《あ》り様《よう》」を決めるきわめて重要な問題なのです。

松田美智子先生による第2部の具体的な「理想のレシピ」紹介の前に、私がなぜそう考えるに至ったかを生物学者の観点からお話しします。

PART 1
「動的平衡と食」を、科学の歴史から探る

食べることは、生きることそのもの

食を考えるとき、忘れてはならない重要な視点がある。

それは〈動的平衡〉の視点である。動的平衡とは、私の生命論のキーワードとなる概念だ。先に、〈カロリーの補給は〉「自動車にガソリンを入れるようなものである」と書いた。しかし、これはあえてこう書いたものの、実は、誤った見立てなのである。食べることは、単に、**カロリー（エネルギー源）を補給するだけの行為ではない。食べることは、生きることそのものなのである。**

それは、どういうことか。

ゆく河の流れは絶えずして、しかも、もとの水にあらず。よどみに浮ぶうたかたは、かつ消え、かつ結びて、久しくとどまりたるためしなし。

ご存知、中世期の古典、鴨長明による「方丈記」の冒頭の一節である。これほどみごとに生命のありようを活写した表現を私は知らない。

私たちの身体でもこれと同じことが絶えず起きている。

私たちは食べ物と身体の関係を、ガソリンと自動車の関係と同じものだと捉えがちだが、それは正しくない。

食べ物は、摂取されると、大半は全身の細胞に散らばって、そこに溶け込んでいってその一部となる。

つまり、ガソリンと自動車のたとえに戻れば、ガソリンの成分が、自動車のタイヤ、窓、座席、エンジンのネジなどに成り替わっていく――という奇妙なことが起きていることになる。

それだけではない。

身体のあらゆるパーツは、ものすごい勢いで絶えず分解されている。それは、古くなったから、使えなくなったからではなく、たとえできたてホヤホヤのパーツであっても、情け容赦なく分解され、捨て去られている。その分、摂取した食べ物の成分を使って絶えず再合成が行われている。つまり、かつ消え、かつ結ばれている。

では、私たちの身体のうち、いちばん速いスピードで、入れ替わっているのはどの部位だろうか。

それは消化管の細胞である。およそ2、3日で入れ替わる。だから、ウンチの主成分は、食べか

ゆく河の流れは絶えずして…

すではなく、自分自身の細胞の残骸なのである。

つまり、食べることとは、自分自身を作り変えることであり、自分の生命は、絶えず移り変わる流れの中にある。これを私は「動的平衡」と呼ぶ。絶えず動きながらバランスを作り直すこと。生命のもっとも本質的な姿である。だからこそ生命は、リジリエント、つまり柔軟であり、適応的でありえる。病気になっても回復し、怪我をしても治る。

それゆえ、今日の私は昨日の私ではない。

数週間もすればかなりの部分が入れ替わっている。一年もたてば物質レベルではほとんど別人となっていると言っても過言ではない。久しぶりに知人に会ったら「おかわりありませんね」ではなく、「おかわりありまくりですね」と挨拶するのが正しい。

流れ行く生命の動的平衡の前では、よいことも、悪いことも、盛者も貧者もすぐに移り変わっていく。方丈記の詠むところそのものである。何かに固執することは意味のないことなのだ。

〈動的平衡〉の乱れと「食」の密接な関係

ここで、食の問題、何を、どう食べればよいのかという問題がクローズアップされてくる。それは端的に言えば、**生命の動的平衡にかなった成分を、ちょうど過不足なく摂取して、流れが滞ることのないように努める必要**

があるということだ。

そして生命の動的平衡に参画しない成分、つまり私たちの身体にとって本来不必要なものはできるだけ摂取しないほうがよい、ということになる。

現代の加工食品、プロセス（加工処理）された食材には、さまざまな食成分以外に要素が組み込まれている。さまざまな添加物がそうである。人工着色料、人工保存料、人工甘味料、pH調整剤、増粘剤……。これらは人体の構成成分ではない。

つまり動的平衡に必要な要素ではない。むしろ余分な、不必要な要素である。このような余計な成分が流れの中に混じってくると、動的平衡はその分、乱される。あるいはそのような成分を動的平衡の流れからできるだけ早く排除するために余分な手間暇を費やすことになる。

肝臓における解毒反応や、腎臓における排泄促進などである。

しかし場合によっては、体内の脂肪成分などに溶け込んでしまうことによって容易には排泄できない形態で蓄積されてしまうことになる。これらは排除しきれないエントロピー（乱雑さ）として、生命の動的平衡を損なうことになる。

一方で、人間の細胞に対して、直接的には害作用を及ぼさない成分も多々あるとされ、これらは安全な食品添加物とみなされている。

果たしてそうだろうか。

本文中でも詳しく検討するように、私たちは自分ひとりの力で生きているわけではない。しかし、だからといって、何も「金八先生」のような友情の物語のことを語ろうというのではない。**私たちの消化管内には膨大な量の腸内細菌が生息している。腸内細菌は単にそこに寄生しているわけではない。人体と密接な共生関係にある。人体に直接栄養を及ぼさない添加物でも、もし腸内細菌に良くない作用をもたらすものであれば、消化管内の腸内細菌はダメージを受け、それがひいては消化管内の環境を変え、人体の健康に跳ね返ってくる可能性があるのだ。**これらの問題は、あとの部分で検討していきたい。

生命は、なぜ自らを壊し続け、作り直し続けるのか

ではなぜ、生命はそんなに一生懸命、自分自身を率先して壊し、そして、作り変えているのか。

それは、宇宙の大原則「エントロピー増大の法則」にあらがうためである。エントロピーとは乱雑さのこと。時間の経過とともに、あらゆるものは乱雑さが増える方向に推移する。壮麗なピラミッドは風化し、金属は錆び、熱は拡散し、形あるものは崩れる。日常生活でも、エントロピー増大の法則を体感することができる。整理整頓しておいた机もすぐに書類が散らかってくる。淹《い》れたてのコーヒーもふと気がつくとぬるくなっている。熱烈な恋愛もやがては冷める……。

生命にも絶えずエントロピー増大の矢が突き刺さってくる。

細胞膜は酸化され、タンパク質は変性し、老廃物が蓄積する。この流れと戦う方法がひとつだけある。それは、エントロピー増大の法則に先回りして、自らを率先して分解し、絶えず乱雑さを外部に捨て、その上で作り直すことである。細胞膜もタンパク質もものすごい速度で作り変えられている。

生命が、相反する二つのこと、分解と合成を同時に行っているのはそのためであり、このバランスを私は動的平衡と呼ぶ。**つまり、生命だけがエントロピー増大の法則と戦うことができ、戦うことができるものを生命と呼ぶことができる。**

とはいえ、動的平衡による生命のこの努力も、宇宙の大原則を完全に覆すことはできない。徐々に退却を余儀なくされ、すこしずつエントロピーは増大していく。身体の酸化は進行し、変性タンパク質は沈着し、遺伝子にも少しずつ変異が蓄積していく。これが老化である。ついにはエントロピー増大の法則に打ち負かされる。死である。

しかし、最後は負けてしまうことがわかっていても、必死にあらがっているのが生命というものなのである。それゆえにすべてのいのちはけなげで美しい。そして有限であることがいのちを輝かせている。

私たちは、この〈あらがい〉のために食べ続けなくてはならない。そして、正しくあらがうためにこそ、正しく食べなくてはならないのである。

PART 2

私が「動的平衡」に辿《たど》りつくまで

生命のエネルギー生産、そして「ミトコンドリア」という存在

〈動的平衡〉と「食」の関係については、「はじめに」で紹介した。

動的平衡論は私の生命哲学のキーワードだが、生物学者としての私は、一直線に動的平衡の概念に到達したわけではない。さまざまな紆余曲折があり、研究者としての挫折があり、いろいろな試行錯誤を経て、生命とは何か、という根源的な問いに対する答えとして、ようやく動的平衡のコンセプトに行き着いた。

だから、本書の重要テーマである動的平衡の核心を伝えるために、私自身の思考の変遷と旅路に付き合っていただくことがいちばん適切ではないだろうかと思う。

何かを理解するには、その物語の成り立ちを知ることが大切である。

つまり時間軸を持つ必要がある。生物学を勉強しようとすると、どうしても術語や名称の暗記が中心になってしまう。数学を勉強しようとすると、計算方法や変換操作のやり方を覚えることが主になってしまう。美術を知ろうとすると、ついつい作品中心あるいは作家中心に鑑賞することになる。

しかし、本当は、生物学を学ぶには生物学史を、数学を学ぶには数学史を、美術を学ぶには美術史を紐解くのがいちばんよい。そこには、人間の文化がいかにして醸成されてきたかのダイナミックな物語があるからだ。

たとえば、細胞の構造を見てみよう。

教科書には、細胞の断面図が描かれており、細胞内小器官にひとつひとつ名前がつけられており、文中にはその役割や機能が記されている。楕円状の微粒子は、ミトコンドリアと呼ばれ、細胞内のエネルギー生産工場として働いている——といった具合だ。

試験勉強のための知識としては、細胞内小器官＝ミトコンドリア＝細胞内エネルギー生産工場、という暗記だけでよいだろう。

しかし、一度、この「上から目線」の記述をひっくり返してみよう。つまり、人類がミトコンドリアに関する知見を、どのように探求し、いかにその知見を獲得してきたのかを探ってみよう。これが「時間軸」を持つ、ということである。むろん、最初から、細胞内の小器官ミトコンドリアが、細胞内エネルギー生産工場であることが一瞬にしてわかったわけではない。

19世紀、そぎ切りにした細胞の切片（こうしないと細胞に光が通らず、きれいに見ることができない）を顕微鏡で観察していた科学者アルトマンは、細胞内部に糸くずのような微粒子が散らばっていることに気づいた。

彼は、これを、糸を意味する「ミト」と粒子を意味する「コンドリア」から、ミトコンドリアという名前で呼んでみた。ちなみに、糸を意味する「ミト」（もしくは「マイト」）は、生物学では他でも使われており、細胞分裂の際、複製された染色体が細い糸で牽引されながら、分配される様《さま》は、マイトーシスと呼ばれている。

これは日本語では、有糸分裂と訳された。なかなかの名訳である。

日本ではほとんどすべての科学術語が和訳されているゆえに（明治期の学者たちが苦労して和訳したものが多い）、いろいろな知識を外国語をまだ学ばないうちから、そのまま母語（日本語）で習得できるという利点がある一方、いったん理科教育で「有糸分裂」と学んだものを、その後、英語（原語）に逆変換してマイトーシス（mitosis）に戻すのはなかなかたいへんである。

すくなくとも高校レベル以降の教科書の術語表記は和英併記が望ましい。なぜか、ミトコンドリアはミトコンドリアで、和訳がない。もしあれば糸状粒子とでもなっただろうか。

「ミトコンドリア」の正体がわかりはじめた

さて、話をもとに戻そう。

ミトコンドリアが糸くず状に見えたのは、顕微鏡下で、細胞を薄くそぎ切りにしていたからで、それを三次元空間に再構成してみると（脳内3Ｄ）、糸くずには厚みがあり、それはちょうどテープ（日本語でいえば〝きしめん〟）が折り畳まれているかのような形状をしていることがわかってきた。

細胞内に、なぜきしめんが折り畳まれているのか。科学者たちは思考を巡らせた。折り畳まれているのは、細胞内という狭い範囲に限られた空間で、できるだけ面積をかせぐためではないか。かせいだ面積で一体なにが行われているのか。

やがて、きしめん（それは細胞を取り囲んでいる細胞膜と同じ成分からなる膜がジグザグに折り畳まれた構体だった）の上に、幾多の酵素群が並んでいることがわかった。酵素は細胞から取り出しても、その反応を調べることができる。何年にも渡って、細かく酵素反応が解析された。

ようやくわかってきたことは、細胞内部の、そのまた内部のミトコンドリアのきしめんの中で「呼吸」がなされている、ということだった。呼吸と言っても、私たちが肺で息を吸ったり吐いたりすることではない。酸素を使って燃料をもやして、エネルギーを得る、ということである。

この場合の燃料は、私たちが摂取した栄養素、主としてブドウ糖のことだ。細胞はブドウ糖を取り込み、それをピルビン酸に分解する。ミトコンドリアはこのピルビン酸を受け取って、酸化し、エネルギーを取り出す。これが細胞内エネルギー生産の基本工程であり、ミトコンドリアはまさにその現場だった。

こうしてミトコンドリアの意味が明らかになってくると、今度は、このような科学的知見をポップカルチャーのような文化が引用するようになる。

映画『スター・ウォーズ』では、選ばれた戦士＝ジェダイには超越した力が宿る。フォースである。私が見た頃の昔の映画の字幕では「理力」と訳されていた。

ジェダイの導師が、若き主人公スカイウォーカーに与える祈りの言葉はこうだ。

「理力がともにあれ（may the force be with you）」

『スター・ウォーズ』の後のシリーズでは、フォースの源泉としてジェダイの身体に宿るのは、〝ミディクロリアン〟という粒子であることが明かされる。

これは語感からして、明らかにミトコンドリアをもじったものに違いない。細胞におけるミトコンドリアの役割は、エネルギーの生産、つまりフォース（力）を生み出している。

とはいえ、ミディクロリアンの正体がミトコンドリアとは、いささか直接的すぎはしないか。それにミトコンドリアであれば、ジェダイでなくても誰の細胞にもある。リリシズムとロマンティズムに満ちた『スター・ウォーズ』の物語にあって、これはかなりチープな当てはめにすぎはしないだろうか。

こんなこともまた時間軸の一部である。

太古の細菌たちは「競争より共生、利己より利他」

私たちが食べた栄養素は、消化吸収され、分解と代謝を受け、最終的にミトコンドリアに運ばれる。そこでA

TPというエネルギー貯蔵物質に変換される。だから、ミトコンドリアは確かに細胞内のエネルギー生産工場と言っていい。

ミトコンドリアのように、細胞の内部で特別な役割を果たす装置は他にもある。植物細胞において光合成をつかさどる葉緑体（クロロプラスト）がその代表格だ。ミトコンドリアやクロロプラストは、細胞内小器官と呼ばれる。このような特化された機能を担う装置はいったいどのようにして細胞内に生み出されたのだろうか。むろん、細胞の中に最初からあったものではない。あるとき偶然、生み出されたものでもない。

ここにも進化の長い時間軸がある。

ミトコンドリアは太古の昔、独立した小さな細菌であった。海の中を浮遊して生活していた。小さな細菌は、大きな細菌の餌になる。大きな細菌は小さな細菌を飲み込み、分解して栄養素に変えて利用する。

それがあるとき、いままでとは違ったことが起きた。大きな細菌は、小さな細菌を細胞内に飲み込んだまではよかったが、小さな細菌を分解せず温存した。つまり小さな細菌は大きな細菌の内部で生き延びることになった。

生き延びただけではない。

大きな細菌と小さな細菌のあいだに、協力関係が築かれたのだ。小さな細菌はその酸化能力を用いてエネルギーを産み出し、大きな細菌に供給した。大きな細菌は、小さな細菌をその細胞内に守り、エネルギー生産に必要な栄養素を提供した。こうして小さな細菌は、大きな細菌にとって、細胞内小器官となった。

これがミトコンドリアの起源である。

小さな細菌は大きな細菌に寄生しているわけではない。つまりミトコンドリアはパラサイト＝寄生体ではない。寄生は片務的（一方的）だが、ミトコンドリア（もともとの小さな細胞）と、大きな細胞とは互恵的な共生関係を作り出したのだ。

細菌から進化したミトコンドリアの真実

なぜこんな遠い昔の進化史がわかるのだろうか――。

それは現在のミトコンドリアを詳細に解析することによって判明した。私たちのミトコンドリアの内部には小さなＤＮＡが存在している。そのＤＮＡは細胞の核の中にある大きなＤＮＡとは別のもので、ミトコンドリアに必要な遺伝情報が書き込まれている。

つまり、ミトコンドリアがまだ別個の小さな細胞だったころの名残が残っているのである。

またミトコンドリアは二重の細胞膜に取り囲まれている。

内側の細胞膜はもともと小さな細胞だったころの、自分の細胞膜。外側の細胞膜は、大きな細胞が小さな細胞を飲み込んだとき、小さな細胞を取り囲んだ細胞膜だと推定される。

同じことは、葉緑体にも言える。葉緑体も独自のＤＮＡを持ち、また二重の細胞膜に囲まれている。葉緑体はもともとクロレラのような、光合成能力を持った小さな細菌だった。この細菌が、これを飲み込んだ大きな細菌とのあいだに共生関係を結び、光合成を分担するようになったのが葉緑体の起源と考えられる。葉緑体を細胞内にもった大きな細胞は、その光合成能力を最大限に活かして、今日の植物の基礎を打ち立てることになった。

さらに、ミトコンドリアも葉緑体も、細胞内で自律的に増殖することができる。一種の細胞分裂である。これもまた細胞内小器官がもともと細菌であったことの証拠となる。

このような細胞内小器官の成立は、原核細胞（細胞内小器官がなく、裸のＤＮＡが細胞膜で囲まれた単純なしくみの細胞）から真核細胞（ミトコンドリアや葉緑体などの細胞内小器官を有した複雑な細胞）への進化と呼ばれる。原核細胞から真核細胞への進化は、生命の歴史の中でも画期的な大ジャンプであった。

これは20億年ほど前、地球上で起きた奇跡的な出来事である。生命はたえず闘争と競争を繰り返し、弱肉強食、適者生存の繰り返しとして進化の物語は語られがちだが、進化の大きなジャンプは、競争ではなく協力、利己的ではなく利他的な関係が作られたとき、生み出された。生命が本質的に利他的であることは、食の問題を考える上でも最重要の論点となるので、後にまた議論したい。

ミトコンドリアからわかる人間の起源

ミトコンドリアや葉緑体が細胞と細胞の協力と共生によって生み出されたという考え方、「細胞内共生説」を唱えたのは女性科学者リン・マーギュリスだった。

彼女の説は、最初、異端者扱いされた。しかし先に述べたような知見が蓄積するにしたがって、彼女は生物学のヒーローとなった（あえてヒロインと呼ばない）。リン・マーギュリスのような孤高の生物学者にこそノーベル賞が与えられるべきだと私は考えるが、それは果たされなかった。

そのノーベル賞だが、特に医学生理学賞は、実験科学的、医学的、薬学的な成果に与えられることが多く、理論や思想に対して与えられることはほとんどない。賞の設立者ノーベルがもともとダイナマイトの発明者であり、賞の性格上、実学的な成果を表彰することはしかたがないとはいえ、残念なことである。

さて、受精の際、つまり卵子と精子が出会って合体するとき、精子からはＤＮＡだけが卵子の中に入る。だから新たにできた受精卵の内部のミトコンドリアは卵子がもともと有していたもの、つまりすべて母親の細胞由来のものである。

このミトコンドリアは受精卵の中で分裂し増殖する。そしてそれが受精卵の細胞分裂とともに各細胞へと分配されていく。したがって重要なことは、私たちの全身の細胞のミトコンドリアはすべて母系由来である、ということになる。

先に述べた通り、ミトコンドリアの内部には、細胞核内のゲノムＤＮＡとは別に、固有の小さなＤＮＡが存在している（それは紛れもなくかつて細菌だったものの名残である。名残という言い方は正確ではない。ミトコンドリアＤＮＡは、いまもなお激しく活動している）。

だからミトコンドリアＤＮＡを分析すると、その人間の母方の出自をたどることができる。こうして20万年ほど前、アフリカにいたただ一人の女性からすべての人類（ホモ・サピエンス）が由来したことが判明した。白色人種も有色人種も元はといえば同じただ一人の母親（イブ）からもたらされた兄弟姉妹たちの子孫なのである。

ミトコンドリアを襲う「活性酸素」の脅威

一方、ミトコンドリアは細胞内のエネルギー生産工場であるがゆえに、常に活性酸素にさらされる。活性酸素は両刃の剣として、時にミトコンドリアＤＮＡを傷つけることになる。これが私たちの老化現象と密接に関係していることが最近明らかになってきた。**だから私たちが食する食品もできるだけ活性酸素を打ち消すような食材、つまり抗酸化成分がたっぷり含まれたものを摂取することが望ましい。このような具体的な指針については本書の後半に説明したいと思う。**

ミトコンドリアを見つめると、私たち生命のミステリーが解き明かされる。進化も、性の発生も、人類史も、そして老化もまたミトコンドリアのなせるわざなのである。

ミトコンドリアひとつとっても、そこには膨大な時間軸が内包されている。

PART 3 生物学者である私の原点――「センス・オブ・ワンダー」

『沈黙の春』が訴えたこと

生命と食の問題に関心を持つようになった私の時間軸上の〝原点〟は、私の少年時代にある。私にとっての研究・探求の動機は、少年時代に出会った自然の美しさ、精妙さに他ならない。そこに私は「センス・オブ・ワンダー」を感じた。「センス・オブ・ワンダー」とは、自然の摂理に対する驚き、そして自然に対する畏敬《いけい》の念のこと。レイチェル・カーソンの本のタイトル（新潮社刊）でもある。（原題『The Sense of Wonder』）

カーソンは、周知のとおり、アメリカの女性環境学者で問題作『沈黙の春』（原題『Silent Spring』1962年。1964年『生と死の妙薬』のタイトルで新潮社刊。2001年『沈黙の春』として新版刊行）を書いた人。

――農薬や殺虫剤などの化学物質を無制限に環境にまけば、予期せぬ連鎖反応が起きる危険がある。薬物を取り込んだ昆虫は魚や他の小生物の餌になり、それを食べた鳥や小動物に移行する。農薬の多くは、油に溶けやすく、それゆえ代謝されにくく、体脂肪に蓄積しやすい。つまり食物連鎖網を通じて生物濃縮が起きる。昆虫の中枢神

経を破壊する物質は、他の生物の脳やホルモン代謝に影響を及ぼす。そうなれば、鳥が鳴き、虫たちが飛び回るはずのすばらしい春が沈黙してしまうかもしれない――。

そうした主張を展開した『沈黙の春』は一大センセーションを引き起こした。同時に、カーソンは激しい攻撃にさらされた。化成品メーカーや農薬メーカーが一斉に反発したのだ。

しかしカーソンは一切怯むことなく、自説を主張し続けた。

やがてカーソンとその支持者たちの声は、時のケネディ政権を動かすまでになり、環境保護政策が実行されることにつながっていく。つまり、カーソンは環境問題を考える時代の先駆者となったのである。

そのカーソンが最後に残したものが、「センス・オブ・ワンダー」という言葉である。「センス・オブ・ワンダー」は、少年少女なら誰でもが自然に備わっている心。自然の美しさに打たれる心。

それが、その人の出発点になっていると意味である。（同時に、カーソンは、多くの人たちが、おとなになるにつれ、さまざまなよしなしごとに気を取られて、自分を「センス・オブ・ワンダー」を見失ってしまう、とも危惧している）。

私にとっての「センス・オブ・ワンダー」は、ルリボシカミキリという小さなカミキリ虫の鮮やかすぎる青だった。フェルメールですら出せないような素敵な深い青色。こんな青い虫がこの世界に存在しているということに触れて「一体生命っていうのは何だろう」と感じたのが私の原点である。

そして、いまだにその問いを問い続けながら研究を進めているわけである。

アゲハチョウの「食」の観察、私の大きな驚き

もうひとつの私のセンス・オブ・ワンダーは、生命の振る舞いとその劇的な変化ということだった。

小学校時代の夏休みの自由研究は、いつもアゲハチョウの飼育観察日記だった。ミカンやサンショウなど柑橘系の植物の若い葉の表裏をよく探すと、必ずアゲハ蝶の小さな真珠のような卵が産み付けられているのを見つけた。それを取ってきて育てる。毛くずのような幼虫が卵から孵化し、そのあと幼虫はどんどん葉っぱを食べ、数段階の脱皮を繰り返して大きくなっていく。

幼虫の旺盛な食欲に応えるため、私は近所のあちこちから日々、新鮮な葉っぱを取ってこなければならなかった。だから、どこの生け垣にどんな植物があるのか自然に把握するようになった。(団地住まいだったので、自分の家の庭に木があるような暮らしではなかった)。

このとき気づいたのは、蝶の種によってその食草が厳密に限定されているということだった。アゲハチョウは柑橘系、似ているもののちょっと種が違うキアゲハだったらパセリか人参、ジャコウアゲハだったらウマノスズクサ(というつる植物)というふうに食べる葉っぱが分かれている。

栄養価だけでみれば、どの葉っぱも同じようなもののはずだが、どんなにお腹が空いていても他の葉っぱは食べようとしない。彼ら彼女らは〝棲み分け〟ているのだ。資源を巡って無益な争いが起きないよう、お互い特殊

な葉っぱだけを食べるよう環境を分けているのだ。あるいは、お互いに「分」を守って退却しあっているといってもよい。そこに自然のバランスの均衡を感じ取った。

片や、人間だけが自分の分際を飛び越えて、あらゆるものをむさぼり食うことをしている――。

幼虫は食草をたっぷり食べるとある日、じっと動かなくなってしまう。そして一枚、皮を脱ぐと流線型の蛹に変わってしまう。

私は子ども心に（いま思えば残酷なのだが）蛹《さなぎ》の内部で一体何が進行しているのか知りたくなって何度も、時期を変えて蛹の中を調べてみたことがある。しかし蛹の中から出てきたのはどろりとした黒い液体だけだった。幼虫の身体はいったんどろどろに溶けてしまっていたのだ。

そこにはもはや幼虫の面影はなく、一方、蝶の予感もなかった。ところが二週間ほど経つと驚くべきことが起きる。幼虫とは似ても似つかない優美な翅を持った蝶が飛び出してくるのだ。最初はくしゃくしゃに折りたたまれていた翅を伸ばすと、二、三回羽ばたきの練習をしたあと、アゲハチョウはひらりと大空に飛んでいく。

――こんな劇的な変化はない。もし地球のことを何も知らない宇宙人がやってきて、幼虫と蝶を同時に見たとしても、これが同一の生物だとはにわかには信じることができないはずだ。ここに生命の不思議さ、精妙さというものが詰め込まれている。――。

生物学者への道が見えた

そう感じた。これを一生懸命観察して、記録をとっていたわけである。

学年が上がるにつれてスケッチは写真になり、食べた葉っぱの量を計算したり、季節によって蛹の期間が異なることなどを調べるようにはなったが、夏休みの自由研究のテーマが蝶の観察であることは変わらなかった。これも研究者になるための基礎訓練のようなものだったかもしれない。私は、内向的な子どもで人間の友達がおらず、虫だけが友達だった。

そんな少年を見て、両親が心配したのか、あるとき、顕微鏡を買ってくれた。

顕微鏡と言っても高価なものではなく、デパートに売っている廉価なものだった。当時は、デパートの上の階には、どこでも昆虫標本の道具や天体望遠鏡、顕微鏡などを売っている教育コーナーがあったものだった。

どうして友達がいない少年に顕微鏡を買い与えるのか。

顕微鏡をネタにして友達を呼んだり、みんなで喋ったり、獲物を自慢したりして、もっとコミュニケーションしなさいという親心だったと思う。

私は早速、大好きなアゲハチョウの翅《はね》を顕微鏡で覗いてみた。アゲハチョウの翅は、クリーム色の地に黒い優雅なラインが入り、すらりと伸びた尾のほうには青やオレンジの斑点がある。肉眼で見てもきれいである。蝶の翅の色は、画用紙に絵の具を塗ったように描かれているのではない。鱗粉《りんぷん》という細かい点から成り立っている。そのことは知識としては知っていたが、顕微鏡を覗いて息を呑んだ。

色とりどりのミクロなモザイクタイルが一面に整然と敷き詰められていた。私は呼吸できないまま、視野を次々と動かしてみた。右の翅に並んでいる色の斑点は、まったく左右対称に、左の翅にも並んでいた。レンズの底に小宇宙が広がっていた。私はそのままレンズの中に吸い込まれてしまった。友達なんかますますいらなくなった。そういう少年時代を過ごした。

まだオタクという言葉はなかったが、紛れもなく私は虫オタクであり、ついで、顕微鏡オタクとなった。何かひとつ好きなことを見つけると、その「好き」をずっと追求して、源流を辿りたくなってしまうのがオタクの心である。

図書館で見つけた『微生物の狩人』

この顕微鏡というすばらしい装置は、一体いつ、どこの誰が作り出したのだろうか。私はその源流を探ろうと決意した。

小学校5年生くらいのことだったと思う。いまならネットを叩けば、すぐに何らかの答えが見つかる時代である。しかし当時は、昭和のど真ん中。インターネットもなければ、パソコンも、携帯電話もない。何かを知りたいなら本を調べるしかない。けれども、自分の家にそんな本があるはずもない。

本がたくさんあるところ——。近くの公立図書館に行ってみることにした。とはいえ、何か当てがあるわけでもなく、また本を探す方法も知らなかった。

私は、迷いながら、道草をくいながら、寄り道をしながら、〝源流〟を模索していった。いまにして思えば、このような一見、効率の悪いプロセスにこそ、学ぶことの本質が隠されていたといえる。学びは一筋縄ではいかない。一直線でもない。でもその道程にこそ豊かな出会いがある。そしてそこに脈打つ時間軸を感じ取ることができる。

まず私は図書館には普段、本を見る開架式の閲覧室の他に「書庫」というものがあることを知った。「書庫」にはわずかな蛍光灯がついているだけで、全体に薄暗く、古い本の匂いがした。何層にも渡って本棚が並び、ぎっしり本が詰め込まれていた。

学びの第一は、本が日本十進分類という法則で配置されれている、ということだった。あらゆる知識が三桁の番号によって分類され、それが整然と並べられている。分類。これほどオタクを痺《しび》れさせる言葉もない。生物の分類、昆虫の分類、そして書籍の分類。あらゆる知は分類から始まり、分類に終わる。000番台は総記（総記って何？　これは百科事典や全集のことを指していた）、100番台は哲学、200番台は歴史、300番台は社会科学、そしてようやく400番台に自然科学が来る。

この権威主義的な順番も気に入った。自然科学は人文知の従者なのだ。400番台には枝番がある。動物学は480番、このうち昆虫学は486番台。このあたりにたどり着くと、そこはもう図書館書庫の一番奥で、誰もいない。

しかし、私の両側はすべて私の好きな本ばかりなのだ。分厚い本、大きな本、さまざまなタイトルや知らない著者たちが背表紙で私のことを呼んでくる。思わず手にとってページを開く。カラーページには見事な生態写真。見とれているうちに自分は何を探しにきたのかも忘れてしまう。

そんな道草を繰り返しながらようやく見つけたのが『微生物の狩人』という本だった。この本は、微生物学の進歩に寄与した人物たちの列伝で、著者のクライフは、米国ロックフェラー大学の研究者だった。当時はまったく知るよしもなかったが、ここは将来、私が留学する場所でもあった。

顕微鏡の源流を辿って……。レーウェンフックとの出会い

この本の冒頭に置かれていたのが、アントニ・レーウェンフックという人物だった。世界で初めて〝微生物〟の存在を発見した科学者である。いや、科学者という言い方は正確ではない。彼は、大学の教授でも専門の学者でもない。ただ手先が器用でもの好きな、アマチュアの科学愛好家だったからである。「こんな人物がいたのか」

――。私は驚きを覚えた。

レーウェンフックはオランダの小都市デルフトの人。時代は17世紀後半。日本で言えば江戸時代が幕開けてしばらくたった頃のこと。彼は、町の毛織物商の息子として生まれ自身も家業を継いだと思われる。学歴も専門教育も受けていない。当時、知識人の教養だったラテン語もまったく学んでいない。

ただ生来のもの好きで、数学やら測量やら物作りやらに興味があった。あるとき、彼は自己流で顕微鏡の作製に着手した。それは現在の顕微鏡とは似ても似つかぬかたちをしていた。小型の金属のヘラのようなものに小さなレンズを挟み込んだものだった。

レンズも彼自身がガラスの破片を磨いたものだった。おそらく何度も試行錯誤を繰り返したことだろう。彼の作り出した小さな顕微鏡は、視野も小さく、明度も高くなかったが、非常に高倍率だった。およそ300倍。これは現代の研究用顕微鏡に比肩するくらいの性能である。それだけレンズの質と研磨が優れていたのだ。

彼は、アマチュアの好事家なので、学者のように何かを系統だって研究するのではなく、手当たり次第に、自分の興味の赴《おもむ》くままに、いろんなものを観察していった。

最初は、自分の街デルフトのあちこちを流れる運河の水を取ってきて、それを顕微鏡で覗《のぞ》いてみた。レーウェンフックは驚愕《きょうがく》した。肉眼ではただの透明の水にしか見えない中に、さまざまなかたちをした小さな生命体がくるくると泳ぎ回っていた。ミクロな世界に、生命が満ち溢れている。これは現代の言葉で言えば、微生物の発見である。

今日、私たちは微生物が、腸内細菌として人間の健康を支え、病原体として病気をもたらし、あるいは発酵現象の担い手として食を豊かにし、別のときには食を腐らせる原因になっていることを知っている。すべての出発点は、レーウェンフックの発見にあったのだ。

彼は、非常に丹念に自分の研究ノートを作って、観察結果をメモしたりスケッチしたりして記録を残した。そのノートが現在に伝わっているがゆえに、レーウェンフックという人がいて、その人が何をしたかが残っている。記録がいかに重要なことなのか、私は思い知った。

彼は、その後、手当たり次第に観察を進め、私たちの身体は小さな小部屋からできていること、すなわち細胞を見つけ、血液中には赤と白の粒子が絶えず流れていることを知った。赤血球と白血球の発見である。さらには、さまざまな動物から精子の発見し、これが生命の種になっていることをつきとめた。犬、猫、ネズミ、牛、そしてヒトの精子を並べたスケッチが残されている。

つまり、ただのアマチュア研究家が、生物学史上に残る大発見を次々と成していった。こんなすばらしい人物がいたのだ。レーウェンフックはたちまち私のヒーローになった。こんな人になりたいと思って、私も研究する人生、生物学者の道を目指して勉強することになった。レーウェンフックは私のロールモデルである。

先に、道草を食いながら、寄り道をしながら何かを探求していくと、予期せぬ豊かな学びがあると書いた。

当時、私は10歳、レーウェンフックのことを調べながらとても面白いことに気がついた。

レーウェンフックが、オランダ・デルフトに生まれたのは１６３２年10月のこと。この同じ街、ほぼ同時期、レーウェンフックの家からほんの１００メートルも離れていない宿屋に、もうひとり男の子が生まれた。この子は、その後、ある意味で、レーウェンフックよりもずっと世界的に有名な人物となった。

誰あろう、それは画家のヨハネス・フェルメールである。ご存知のとおり「真珠の耳飾りの少女」などで世界中に愛好家がいるあのフェルメール。彼もデルフトの人なのだ。

どうして、二人がほぼ同時期に同じ場で生まれたのかがわかるのかといえば、デルフトの街の中央にある教会の洗礼簿の同じページに二人の赤ちゃんの名前を記録されているからである。ここでも記録が重要なのだった。

こんなご近所なのだから、二人は同じ寺子屋にかよう幼馴染としてともに育ったにちがいない。成人してからも交流は続いただろう。レーウェンフックもフェルメールも共通の関心、光の捉え方に興味があったはずだから。

だが、二人の関係を具体的に示す文書類は残っていない。こんなに近ければ手紙をやり取りする必要もなかっただろう。ただ、早くに亡くなったフェルメールの遺産管財人としてレーウェンフックが指名されている記録がある。これは二人の親密さの重要な証拠である。

当時、私は、昆虫や顕微鏡に夢中だったので、レーウェンフックこそ目標であり、フェルメールの名は知ったものの横に置いたまま、その後すっかり忘れてしまった。ずっと後になってから、フェルメールと再会し、今度はフェルメールおたくになってしまったのだが、その話はまた別の機会に。

PART 4 「生命」とは何だろうか、「食」とは何だろうか――

生命を「メカニズム」だけで考えることへの疑問

基本的に、生物学、物理学、化学など近代科学は、世界のあり方を絶えず細かく細かく調べていって、どんどんミクロなレベルに降りていくという方法で探求を進めてきた。〈要素還元主義〉である。

生物学を例にとってみよう。

レーウェンフックの発見以来、私たち生物体は細胞というミクロな単位から成り立っていることがわかった。その細胞を解析していくと、ミトコンドリアを代表されるような細胞内小器官という、さらにミクロな部品からできていることが判明した。

ミトコンドリアの発見史は先に述べた通りだ。**細胞内小器官をさらにミクロに分析していくと、それは酵素などのタンパク質から構成されていることがわかってきた。細胞内外の仕組みはすべて固有のタンパク質の機能が支えている。**タンパク質はどこからくるのか。それはＤＮＡである。

ＤＮＡはヌクレオチドという化学物質が連結してできた細い糸状の高分子で、糸は二重らせん構造をとっている。二重なのは、互いに他の情報を写し取って情報を担保する意味があり、らせん構造は長い糸状物質を絡まることなく細胞核の内部にコンパクトに格納するためのである。

ヌクレオチドの配列が、遺伝情報であり、遺伝情報はタンパク質のアミノ酸配列を指定している。つまりDNAはタンパク質の設計図である。細胞核の中のDNAをゲノムと呼ぶ。2000年代初めに人類はとうとうDNAの端から端まで解読することに成功した。ヒトゲノム計画の完成である。ゲノムには細胞で使われるタンパク質約2万種の設計図が書き込まれていることが判明した。その後、今日までの間にさらに精密なゲノム情報が解読された。レーウェンフックのミクロ世界の発見から始まった要素還元主義は、DNAの完全解読にまで至ったのである。

その結果、生物学者は生命をどのように見ることになったかといえば、ちょうどコンピュータの基盤のようにミクロな部品が並んだ精密機械と見なすようになった。

つまり機械論的生命観である。すべての生命現象を遺伝子部品が織りなすメカニズムとして考えるようになったのである。

ガンのメカニズムとか糖尿病のメカニズム、といった言い方の「メカ」とは機械のことであり、あらゆる生命現象を機械のアナロジーとして捉える。そしてあらゆる生命現象の原因として遺伝子がある。

ミクロなレベルへ、ミクロなレベルへと生命を分解していって、21世紀の現在は、まさにこの要素還元主義の究極的な終着点として、すべての遺伝子が解明され、その遺伝子の異常によって病気が引き起こされ、遺伝子の暗号を書きかえれば治る、あるいは遺伝子を改良すれば生命を改良できると考えて、生命科学や遺伝子操作が進んできた。遺伝子決定論である。

ただ、生命をメカニズムとして考えすぎると、生命が持っている非常に大事な側面を見失ってしまうということに、私はあるとき、気がついた。

要素還元主義だけで生命を見みると、大切なポイントを捨象《しゃしょう》してしまうことに思い至ったのである。そして機械論に傾き過ぎた生命観を考え直さねばならないことに行き着いた。食と生命を論じるとき最も重要な視点もここにある。そのプロセスを次に述べていきたいと思う。

「動的平衡」の視点から生命を捉えなおす

機械論的生命観・要素還元主義に基づいて、生物学を研究するとき、要素となるものは、端的にいえば、遺伝子ということになる。遺伝子レベルに還元して生命現象を説明する。

生物学者になりたての20代から30代にかけて、私は遺伝子採集に夢中になっていた。何万種類もある遺伝子の中から特定の遺伝子を探し出してくることを遺伝子クローニングと呼ぶ。１９８０年代から90年代にかけて世界中の分子生物学者は、我こそは重要な遺伝子をクローニングするぞ、という熱狂の中で遺伝子発見競争を繰り広げていた。私も小なりとは言え、その中のひとりだった。

元・昆虫少年は、捕虫網を実験器具に持ち替え、昆虫採集のかわりに遺伝子採集に邁進《まいしん》していた。

私が見つけた遺伝子は、GP2と名前をつけた遺伝子だった。

GP2とは、グリコプロテイン2型の略。グリコプロテインとは、糖タンパク質のこと。GP2遺伝子は、GP2タンパク質の設計図である。膵臓や消化管に分布して、細胞の表面にアンテナのように突き出して何らかの働きをしている。分子生物学者の次の目標は、クローニングした遺伝子の機能をつきとめること。

つまり、GP2が何をしているかを調べようと研究を進めていった。このときに、私は非常に機械論的な方法を採用し、GP2の役割を解析することにとした。GP2遺伝子ノックアウトマウスである。特別な遺伝子操作を施されたマウスだ。細胞の中の細胞核から、そっとDNAの糸を引き出す。

次に、DNAのどこにGP2遺伝子が書き込まれているかをつきとめる。そこでミクロな外科手術によって、GP2遺伝子の両端を切って、GP2遺伝子を取り除いてしまう。残りのDNAの糸をつなぎ直し、そっと細胞核の中に戻す。この細胞から受精卵を作る。受精卵を代理母マウスの子宮に移植して、一匹のマウスを誕生させる。

マウスの全身の細胞は、すべてこの受精卵を出発として増殖したものだから、マウスのどの細胞にもGP2遺伝子は消去されてしまっている。すなわち、このマウスは、GP2タンパク質を作り出すことができない。重要な部品をひとつ欠損しているマウス、それが遺伝子ノックアウトマウスである。

機械論的に考えると、生命は精密機械のアナロジーとして考えることができる。

部品をひとつ取り外して捨ててしまえば、当然その機械は壊れる。その壊れ方を調べることによって、捨てた部品が何をしているかをつきとめようというのが、このノックアウトマウスの実験である。

もし、GP2遺伝子ノックアウトマウスが癌になれば、それはGP2がないから癌になっていると考えられる。つまり普段は、GP2は、細胞が癌化しないよう成長を制御するメカニズムに関わっているものだ、という結論になる。

もし、GP2遺伝子ノックアウトマウスが糖尿病になれば、それはGP2がないから糖尿病になっていると考えられる。つまり普段は、GP2は、血糖値を正常な範囲内にコントロールするメカニズムに関わっているものだ、という結論になる。

ノックアウトマウス誕生後に浮かんだ大いなる疑問

ノックアウトマウスを作成するには当時大変な時間と労力がかかった。

遺伝子を操作し、細胞を操作し、マウスの妊娠を操作しなければならない。3年ぐらい寝食を忘れて実験を繰り返した。また、研究費も膨大なものになった。マウスの小さな背中には、ポルシェの新車だったら3台は買えるほどの研究費が乗っかっていた。

私は東奔西走して研究費をかき集めて、とうとうこのGP2遺伝子ノックアウトマウスを作り出した。

マウスは、無事生まれてきて、成長していった。どんな異常が起きるのかを固唾《かたず》をのんで見守っていた。ところが。マウスは、元気に飼育ケージの中を走り回るばかりで、どこにも異常が見当たらない。病気の兆候はどこにも見当たらなかった。

いやそんなはずは絶対ない。GP2遺伝子は確かに欠損している。それは遺伝子検査によって確かめられた。しかし、生育、行動、その他、血液検査などのデータはすべて正常の範囲内に収まっていた。

ひょっとすると、異常は、時間をかけて現れるのかもしれない。

私たちはマウスの生涯（マウスの寿命はおよそ2年くらい）に渡って観察を続けた。だが、マウスは年をとっても異常が現れない。それどころか、GP2遺伝子ノックアウトマウス同士、ちゃんと交配して子孫を作り始めた。つまり生殖能力にも異常はないし、世代を越えても異常は現れない。

GP2遺伝子は、ヒト、マウスをはじめ哺乳動物にはすべて存在している。つまり、進化の過程で保存されている重要な遺伝子なのだ。それにもかかわらず、GP2がなくても、何も起こらない。大変な現実の壁の前に私は立たされた。これは研究者にとって厳しい状況である。多大な研究費と研究時間を費やしてノックアウトマウスを作り出したのに、何も結果が出ない。研究人生の危機である。

私は悩んだ。この状況をどう考えればいいのか――。

何ヶ月も思い詰めた。生命を機械と考え、ひとつ部品を欠損すれば機械は壊れる。その壊れ方によって部品の役割を調べる。ところが何も起こらず、驚かされることになった。

そもそもこの考え方自体がおかしいのではないか――。部品をひとつ欠損しても何事もないように振る舞える生命の柔軟さに驚かなければならなかった。

部品がひとつなくても。ないなりに何とかやり過ごす状態をつくりだせるのが生命なのではないか――。そんなふうに、自分の中で生命に対する見方をあれこれ反省していたとき、私はふと、以前詠んだある論文の中での先人の言葉を思い出した。

そこには「生命は機械ではない、生命は流れだ」と書いてあった。

まるで詩人か哲学者の言葉のようだが、こう言ったのは、ルドルフ・シェーンハイマーという生物学者だった。この瞬間、シェーンハイマーは私の新しいヒーローになった。

しかし、一般には、シェーンハイマーは、完全に忘れ去られてしまった科学者である。ノーベル賞をとったわけでもない、大教授になったわけでもない。それどころか、43歳という若さで謎の自殺を遂げてこの世から去っている。研究論文は書庫の隅でホコリをかぶったまま誰にも顧みられることはなかった。

彼の研究に、もう一度光を当てることによって、機械論的な見方に傾き過ぎた生命観を反省し、もう一度、生命を動的に捉え直す契機になるのではないか――。

そう私は思うようになった。これが後に、動的平衡の生命論に繋がっていくことになったのである。

なぜ、生命は食べ続けなければならないのか？

シェーンハイマーがどのような研究を行って、なぜ「生命は流れだ」と言ったのだろうか。

シェーンハイマーの問いは、シンプルなものだった。生きていくために、動物は必ず食物を食べ続けなければならない。どうして食べ物を食べ続けなければ生きていけないのか。

「それはエネルギーが必要だから」と誰もが答えるだろう。シェーンハイマーが生きた今から100年近く前、生物学はすでに機械論的な見方が主流になっており、生命現象のあらゆる側面を、機械のアナロジーで説明するようになっていた。

食べ物と生物の関係もそうだった。ちょうどガソリンと自動車の関係と同じだとみなされていた。自動車が動くためには、ガソリンが必要である。ガソリンは自動車のエンジンの中に入ると燃やされて、熱エネルギーを生み出す。それが機械エネルギーに変換されて、エンジンが回って自動車は動く。

それと同じように、生物が食べ物を食べると、体内で燃やされて、それが熱エネルギーになって体温になり、運動エネルギーになって体を動かし、代謝のエネルギーになって細胞を働かせる。

エネルギーは熱や仕事に変わると消費されて消えてしまう。燃えカスは排気ガスとして捨てられる。だから、自動車を動かすには、またガソリンを満タンにしなければならない。これと同じように、生命にもたえず新しいエネルギーが必要である。それゆえ食べ続けなければならない。

だが、シェーンハイマーは、ここに疑問を投げかけた。本当にそうだろうか――。食べ物が体の中に入っていくと、本当にすべてが燃やされて、熱エネルギーに変わり、燃えカスは呼気や排泄物として捨てられていくのだろうか――。もしそうなら、インプットとアウトプットの収支がちゃんと合わないといけない。その収支をきちんと見極めたいと彼は考えたのだ。

顕微鏡の始祖レーウェンフックが細胞を発見した後、生命の要素還元主義的な解析はほぼ究極のレベルまで進んでいた。ミクロの目で見ると、生命体は細胞からできていて、細胞はタンパク質、糖質、脂質のような分子でできている。分子というのは、酸素や炭素、水素や窒素といった原子からできている。だから、生命体は、究極の目で見ると原子の集まりだということになる。食べ物のほうも、植物性のものにせよ、動物性のものにせよ、これもまた究極の目で見ると、原子の集まりである。

だが、食べ物の摂取（インプット）と排泄（アウトプット）の収支をきちんと見極める実験には、ひとつ大きな難題があった。

きちんと食べてきちんと動く

というのも、生物の身体は原子の集合体であり、そこへ原子の集合体である食物が取り込まれると、原子の粒子同士が入り混じってしまって、どの粒がどこにいったのか、たちまちわからなくなってしまう。

だから、収支を調べるためには、食べたほうの粒に、何らかの印をつけておかないと、追跡していくことができない、という問題がある。

当時、原子一粒一粒に標識を付けるなどということは誰にも想像できないことだった。しかし、シェーンハイマーは、物理学の研究から新たに分かってきたことにヒントを得た。それはアイソトープ（同位体）を使えば、原子のレベルで粒子に印をつけることができる、というものだった。

自然界に存在する炭素（C、カーボン）の99・9%は、質量数12の炭素、というものである。ところがほんのわずかだけ、質量数13、もしくは14の〝重い〟炭素が存在する。これをアイソトープという。アイソトープ（重い炭素）で食物のほうを標識しておけば、重さの差を目印に、炭素原子の動きを追跡していくことができる。

アイソトープか普通の炭素かの差は微小だが、質量測定器を使えば判別できる。食物の味、匂い、栄養価にはまったく影響を与えない。だから実験に使うネズミも区別することはできない。窒素についてもアイソトープがあるので、これも利用できる。

シェーンハイマーは、このアイデアを実験に移すことにした。アイソトープで標識した食物をネズミに食べさせ、アイソトープがどのような時間経過でどこに行くかを調べることにした。

もし100粒のアイソトープの炭素を食べたネズミが、これを燃やしてエネルギーを得るのなら、その結果として100粒のアイソトープを含む二酸化炭素が排泄されるはずである。

「食べる」ことは「体を入れ替えること」という発見

実験の結果は驚くべきものだった。

食物に含まれるアイソトープ炭素は、ただちに二酸化炭素になってネズミから出てくることはなかった。アイソトープ炭素の大半は、すぐに燃やされることなく、ネズミの体中、尻尾の先から頭の中、筋肉、各臓器など、さまざまな部位に散らばっていって、そこに溶け込み、ネズミの一部に成り代わってしまっていたのである。

ガソリンを自動車のたとえで言えば、補給したガソリンの成分が、タイヤの一部になったり、ハンドルの一部になったり、ガラスの一部になったりしてしまっているということだ。

シェーンハイマーは、この実験を非常に厳密に行った。

まず、実験をする前のネズミの体重を測った。そして、ネズミの身体の中にアイソトープが蓄積されていく。だから、蓄積されたアイソトープの分だけ体重が増えるはずなのに、ネズミの体重は、実験前の体重と1グラムも変わっていなかった。一方、ネズミから出てくるもの（糞や尿はもちろん、毛、フケ、それから呼気など）のすべてを回収してアイソトープの行方を追跡していた。

なぜ、アイソトープが蓄積されるのに、体重が変わらないのか——。

シェーンハイマーは、この実験を鮮やかに解き明かした。

——食べ物を食べるということは、ガソリンを補給していることとは本質的に違う。食べるという行為は、自分自身の体を入れ替える、ということなのだ。生物体の体の中は、常に、分解と合成が起きていてぐるぐる回転している。このの流れを止めないために、私たちは、食べ物を食べ続けなければならない——と。

実際、いっときネズミの体の中に溶け込んで、ネズミと一体化していたアイソトープはしばらくするとネズミの身体から抜け出してきた。

私たちは普段、髪の毛が生え変わったり、爪が伸びたり、皮膚が垢《あか》になって剥がれ落ちることを経験として知っている。実は、体の中のありとあらゆる部分が、どんどん壊されながらどんどん作り変えられ、食べ物の成分と入れ替わっている。

シェーンハイマーの実験では、各臓器がどれくらいの速度で作り変えられるのかも判明した。アイソトープの通過速度を測ればよいからだ。一番はやく壊され、作り変えられている臓器は、消化管だった。消化管（の特に表面の細胞）は2、3日で作り替えられている。どんどん破壊され捨てられる。

一方、食べ物の分子・原子を使って新しい細胞がどんどん作られ、再配備される。だから、実は、うんちの主成分は食べかすが排泄されているのではなく、自分自身の細胞の残骸なのである。

数週間から数ヶ月のうちに他の臓器も、食べ物の成分と交換されていく。骨や歯のような固体部分も表面の石化部分は残るが、内部の柔らかい細胞部分はどんどん更新されていく。

だから、今日の私は昨日の私ではない。数週間前の私と、今日の私とでは、物質レベルではかなり入れ替わっている。数ヶ月もたつとごっそり入れ替わっていて、1年も経つと、1年前の私を構成していた原子や分子は、ほとんど残っていない。その間に食べたものとすっかり入れ替わっていると言っても過言ではない。

久しぶりに会った人に「やや、どうもお久しぶりですね、全然お変わりありませんね」と挨拶するのは生物学的に間違っている。1年も会っていないと、その人は別人になっていると言っても過言ではない。「お変わりありまくりですね」と挨拶するのが正解なのだ。

食べ物を食べるということは、単にエネルギーを補給する行為ではない。自分自身を作り変える行為だということをシェーンハイマーは明らかにしてくれたのだ。

環境は食べ物を通じて、私たちの身体の中を通り抜けていく。分子や原子はひととき、生物体を形作るが、それは流れの中の一瞬の淀みにすぎない。再びすぐに環境に流れ出ていく。生命は絶え間のない流れの中にある。

シェーンハイマーはこのことを英語で、生命は動的な状態にある（dynamic state）と書いている。その通りである。

ただ、ここで重要なのは、流れの中の淀みは、常に入れ替えながらダイナミックに変わりつつも、ネズミならネズミ、人間なら人間の形という、ある種のバランスを保っているという点だ。バランスとは平衡と言い換えることができる。

平衡は二度と同じ状態をとらない。環境に適応し変化する。もし何か足りないものがあれば、代替するものが出現したり、バイパスを作ったりして臨機応変に対応する。病気のような変調が起きても回復し、怪我をすれば修復される。つまり平衡は常に更新され、作り直される。

そこで私は、シェーンハイマーの実験を拡張し「生命とは動的平衡（dynamic equilibrium）である」と再定義できるのではないか、と考えた。機械論的に生命を捉えるのではなく、動的な流れと動的な平衡として生命を捉えなおす。私自身の生命観のパラダイム・シフトであった。

シェーンハイマーの実験でもうひとつ重要なポイントがある。

アイソトープの炭素を使った実験では、生物体の中で、炭素は常に動的平衡の状態にあった。

しかし、さらに激しく入れ替わっているものがある。窒素原子である。窒素原子が含まれる生体成分とは何か。

それはタンパク質である。動的平衡の実態を担っているのは絶え間のないタンパク質の交換なのである。

PART 5 人はカロリーだけでは生きていけない！

タンパク質は最強の「働き者」だが、消耗も激しい

人間の食をカロリー計算して考えることは可能だが、栄養素をすべてエネルギー（カロリー数）に換算してしまうと、タンパク質の重要性を見失ってしまうことになる。

最初に述べた通り、平均的な体格の日本人の一日に必要な食事カロリー数の標準値は、厚労省の統計によれば、男２３００㎉、女１９００㎉（いずれも50歳）である。**では、このカロリー数（エネルギー量）さえ充足した食事を摂取していれば健康でいられるのか。答えは「否」である。**

カロリーは、炭水化物と脂質を食べていれば補給できる。炭水化物や脂質の本体は炭素化合物。これを燃やすことによってエネルギーを作り出すことができる。燃えカスは二酸化炭素と水になる。

炭素化合物＋酸素　→　エネルギー＋二酸化炭素＋水

これは石油、石炭、ガス、薪などを燃料源とする機械装置とまったく同じ原理である。

しかし私たち生命体は、炭水化物や脂質などの炭素化合物だけを摂取して生きていくことはできない。三大栄養素の残りもうひとつ、タンパク質がどうしても必要となる。

なぜタンパク質が必要なのか——。

タンパク質も基本骨格は炭素からできている。だからタンパク質を燃やそうと思えば燃やすことができ、エネルギー源として使うこともできなくはない。しかし、体内でタンパク質はほとんどエネルギー源としては使われていない。私たち生物の生命活動を支える最重要物質として使われる。

タンパク質は英語では、プロテイン（protein）。接頭辞 proto- は、「第一義的に必要なもの」を意味する。

炭水化物や脂質になくて、タンパク質にだけ存在しているもの、それは窒素原子（N）である。窒素原子は三叉の構造をしており、炭素原子や水素原子と結びついて、複雑な高分子構造を作り出すことができる。この高分子構造がタンパク質であり、タンパク質は、筋肉のような伸縮できるしなやかで強靭な構造体を作り出す。

体内のあらゆる化学反応を触媒する多種多様な酵素もタンパク質である。

情報を伝達するホルモンやそれをキャッチするレセプター、ウイルスやばい菌と戦う抗体、細胞膜上で物質のやり取りをするチャネル、細胞の構造を支え、細胞膜の形を変化させ、分泌、分裂、増殖などを行うのもすべてそれぞれに機能特化したタンパク質なのである。

炭水化物や脂質は構造が単純すぎて、このような機能的な作用を発揮することはできない。

炭水化物と脂質が、静的な燃料源であるとすれば、タンパク質は、動的な働き手といえる。もっとも働き者であるがゆえに、もっとも消耗が激しい。

つまり、絶えずエントロピー（乱雑さ）増大の法則に晒されている。酵素は、酸化や変性するとたちまちその機能を失ってしまう。変性したタンパク質は水に溶けにくくなり、沈殿して細胞内外に蓄積する。アルツハイマー病や狂牛病で脳を侵すのはこのような変性タンパク質である。お肌のシミや黒ずみやイボもタンパク質の変性物の集合体だ。筋肉タンパク質は酷使されて各所で断裂してしまう。タンパク質は、仕事をすればするほど、苦難に遭遇してしまう運命にある。

「タンパク質」を忘れない

この不可避的なエントロピー増大に対して生命体はどのように対抗しているのか――。絶えずタンパク質を分解し、かつ作り直すことによって対抗している。つまり動的平衡である。

タンパク質は分解されるとアミノ酸という構成単位になる。生命体の中で使われている主要なアミノ酸は20種類。グリシン、アラニン、アルギニン、グルタミン酸、トリプトファンなど、それぞれに名前がついている。

これら20種のアミノ酸が規則正しい順列組み合わせで繋がれたものが、それぞれのタンパク質である。（そしてここでは詳述は避けるが、アミノ酸の順列組み合わせを指定しているのが、DNAの遺伝情報である。DNAの遺伝情報に従って、個々のタンパク質のアミノ酸配列が構成される）。

アミノ酸はちょうど、色とりどり・さまざまな形のレゴ・ブロックのようなものと考えていただければよい。

そして、タンパク質は、レゴ・ブロックを組み合わせてできた作品のようなものである。百個程度のアミノ酸（レゴ・ブロック）からなるタンパク質（作品）もあれば、数千個ものアミノ酸からなるタンパク質もある。

このブロック作品が作られては壊され、壊されては作られる。アミノ酸はバラバラにされつつ、再構成される。このプロセスで必然的に傷つき、消耗されるブロックが生じる。

では、こうした状態に対して、人間はどう対処しなければならないか——。

もうお分かりだろう。食物として補われなければならないのである。

エントロピーの法則とタンパク質

日本人の食事摂取基準によると、一日に必要なたんぱく質は、18〜64歳の男性は一日65g、65歳以上の男性は60g、18歳以上の女性は一日50gとなっている。

この数字が何を意味しているかと言えば、体内の動的平衡は常に分解することを優先しており、合成よりも分解が勝っているということだ。率先して自らを分解し、エントロピーを捨て続ける。そのことによって秩序を守る。秩序は守られるために常に分解されなければならない。そして、分解のための消耗分を補給しつづけなければならない。

この消耗分が、タンパク質の所要量でなのある。数字は乾燥重量であり、水分を含んだタンパク質としてはおよそこの倍量、成人男子では１２０—１３０ｇのタンパク質が失われる、だから、それを補い続ける必要があるのだ。

「どうしてそんなにまでして自分自身を絶えず壊しつづけなければならないのか？」

生命の動的平衡を考える上で、こうした疑問が浮かぶはずだ。さらに、さまざまな疑問が続くだろう。

「どんどんどん自分自身の物質的実体が入れ替わっているのにもかかわらず、どうして、私は私、アイデンティティが保たれるのか」

「どのように記憶は保存されるのか」

「どんどん更新されているにもかかわらず、少しずつ老化してしまうのはなぜか」

いずれも動的平衡の観点から説明することができる。

まず、どうしてアイデンティティが保たれるのか、どうして記憶が保たれるのか、という点について考察してみたい。

動的平衡のカギを握るタンパク質

それは、私たちを構成する細胞と細胞、あるいは細胞の中のタンパク質分子とタンパク質分子の関係性を保ちながら、動的平衡が執《と》り行われているからである。

これを私は「相補性」と呼ぶ。

単に入れ替わっているのではなく、相補性が保たれながら、入れ替わっているわけだ。細胞と細胞、分子と分子の関係を、ジグソーパズルのピースの関係だと思っていただければいい。

細胞は、前後左右、或いは上下の細胞と、互いに他を支えながら、支えられて存在している。常に周囲の細胞を認識し合いながら生存している。これが相補性である。

ジグソーパズルでは、ある場所のピースが抜き取られて、捨てられても、周りにあるピースが残っていれば、捨てられたピースの形と場所が保全される。すると、新しいピースが作られたとき、どこにはまるか自動的に決まる。

私たちの身体は大きなジグソーパズルの壁画のようなもので、各ピースは相補性を保ちつつ、同時多発的に各所で交換されている。だからジグソーパズルの素材自体はどんどん更新されつつも、全体の絵柄は変化することなく保たれうる。

これが、動的平衡の中で「生物としての私」が保存される理由である。脳細胞の配線も、ジグソーパズルの相補性のようなやり方で繋がり合っている。細胞の中身はたえず動的平衡によって更新されつつも、細胞と細胞の配線・回路が保存されれば、記憶が保全されることになる。

動的平衡の重要なポイントは、作ることよりも壊すことを一生懸命行っている点である。ひたすらに大きく変わらないために、絶えず小さく変わり続ける。それによって、分解と合成の絶え間のないバランスが保たれて、常に平衡がリニューアルされているのだ。

もし何かが足りなければ、足りないなりに、まわりのものが補い合ったり、ピンチヒッターが出てきたりして、新しい動的平衡が作り直される。

GP2遺伝子ノックアウトマウスの場合も、GP2がない状態に対して、新しい動的平衡が作り出された結果、生き延びることができた、と解釈できる。

では、いったいなぜ、生命はこんなにも一生懸命、自分自身を壊しながら作り変えているのか――。

すでに述べたとおり、エントロピーの増大に抗うためである。

宇宙の大原則に、エントロピー増大の法則がある。「エントロピー」とは「乱雑さ」という言葉で訳される。時間は、乱雑さが増加する方向にしか進まない。整理整頓しておいた机の上も、ちょっと仕事をすれば書類が溜まったり、本が積み上がったりして、乱雑さが増していってしまう。

壮麗なピラミッドのような建造物も、時間の経過とともに、風化して砂塵《さじん》に帰していく。熱いコーヒーもちょっと目を離している隙にぬるくなってしまう。熱烈な恋愛もすぐに冷める——。

これは、エントロピー増大の法則がこの宇宙のすべてを支配していて、秩序あるものは秩序が失われる方向にしか動かないからである。

だが、唯一、生命だけがエントロピーの法則に抗って、秩序を維持しようとしている。だから、逆に、エントロピー増大の法則に抗うものを生命と呼ぶことができる。

生命体ほど秩序だったシステムもない。

それゆえに、エントロピー増大の法則は情け容赦なく、この秩序を壊そうとする。

細胞膜は常に活性酸素の攻撃によって酸化され、破壊されようとする。タンパク質は、切断されたり、変性したりしてその活性を失う。ＤＮＡは紫外線や放射線にさらされて変異を蓄積していく。

では、いったいどのようにしてエントロピー増大の法則に抗うのか——。

生命は、自分を頑丈に作るのではなくて、自身をゆるゆる・やわやわに作る。そして、エントロピー増大の法則に先回りして、自分自身を壊しながら、作り変えるという方法を選ぶ。それによって、対抗している。つまり動的平衡によって、エントロピーの法則に抵抗しているのだ。

細胞膜は酸化されるよりも先に分解され、再編成される。タンパク質は変性するよりも前に積極的に分解され、アミノ酸のレベルに壊されて、再びすぐに再構築される。ＤＮＡも絶えず分解と再合成が行われ、変異の蓄積を防ごうとする。

生命の動的平衡を乱さない「食」の重要性

とはいえ、エントロピー増大の法則は、宇宙の大原則の物理法則なので、完全に打ち勝つことはできない。何とか抵抗することはできても、徐々に押されていき、後退していってしまう。タンパク質の変性物のような老廃物は完全に排除することはできず、わずかずつ細胞内に溜まっていく。細胞膜もすこしずつ酸化していき、全部を更新することはできない。これが老化というプロセスである。

個体の生命は確かに最後はエントロピー増大の法則に押し倒されて、有限の生命時間を終える。個体の死とはそういうものだ。しかし生命の動的平衡は、絶えずバトンタッチされていく。古い生命は、新しい生命に動的平衡を手渡す。動的平衡のバトンタッチによって、生命はこの地球上で、38億年という長い時間、連綿と進化をしながら、今日まで続いてきている。ある個体が占有していた環境や資源を別の個体に手渡すことが死というものであるなら、死は最大の相補的・利他的行為であるといえる。

このような動的平衡の生命論に立ったとき、私たちは「食」の重要性を改めて考えてみるべきだろう。

環境は食べ物のかたちを取って私たちの身体を通り抜け、一瞬、私たちの生命を形作る。そして、次の瞬間には環境に戻っていく。つまり、理想の食とは、生命の動的平衡を乱さない、動的平衡の原理にかなったものである必要があるのだ。

「私たちは、私たちが食べたものでできている。それ以外のものではできていない」これこそが真実なのである。

ここまで、科学の歴史を紐解きながら、「生命とは何か」「食べるということはどういうことか」について、私の動的平衡論を軸に展開してきた。

後半では、**「旬を食べる」「ホールフーズ」など**を「生命を支える理想の食」の基本と位置づけ、料理研究家・松田美智子氏考案の具体的レシピを紹介していくことにしよう。

第2部

命の健康を守るために料理研究家が考えた「理想のレシピ84」

松田美智子
〈解説・福岡伸一〉

「人間にとって、とくに日本の食文化に親しんできた人にとって、本当に健康的な食事とはどういうものだろうか」

生物学者の福岡伸一先生とお会いする機会があったとき、そんな話になりました。そこで生まれたのが今回のコラボ企画です。

食は栄養面などを考えて、健康にいいことはもちろんですが、なによりもおいしくなければなりません。日本の家庭料理を長年研究してきた私の「おいしくて、体にいいレシピ」にトライしてみませんか。

1

春の旬を味わう

食材そのものの甘さ、おいしさを生かして食す

塩をまったく使わずに食す

アスパラガス

本書の制作にあたり、福岡先生が重視されていることとして、まず挙げられたのが、「塩分を抑えること」。そして、「旬の恵みを味わうこと」でした。

そこで、すぐに私が思い浮かべたのがアスパラガスと鯛でした。

70ページで紹介するアスパラガスのグラタンのポイントは塩をまったく使わないことと、アスパラにオリーブオイルで薄い膜をつけることです。

そのほうが体にいいだけでなく、春のアスパラガスの甘さを堪能できるのです。

塩を強くしたら、せっかくの春アスパラガスの甘さが消えてしまいます。

それにしても、世の中には、味の濃いも

のがあふれています。

そんな味に慣れたら、長生きはもちろん、健康を維持することもむずかしくなってきます。

また、食の繊細な旬を味わおうとすれば、必然的に調味料は控えめになります。

料理の塩分はパルメザンチーズだけ。発酵食品のチーズにはアミノ酸が豊富なので、うま味が増します。

最初は蒸し焼きにして、アスパラガスに火が通ったら、蓋を取り、卵を落として、もう一度、オーブンへ。それだけですが、見た目は豪華な仕上がりです。

＊以下に紹介するレシピは「2人分」が目安になっています。

福岡memo

たっぷりのアスパラギン酸ほかアミノ酸がおいしさを生む

「旬（しゅん）」とは、その食材がもっともおいしく食べられる時期のことを指す。そして食材とは、それが動物性にせよ、植物性にせよ、すべて生物に由来するものであるから、もっともおいしい時期とは、その生命体がもっとも充実した生を送っている瞬間、ということになる。

そして月の上旬、中旬、下旬というとおり、本来旬は10日間を意味する。輝けるときは短いのだ。私たちはそれをいただくわけだから、まずは自然に対する感謝と畏敬の念が必要である。

さて、今回の旬の食材はアスパラガス。この名前は「新芽」を意味するラテン語に由来する。春は植物が、まさにいま、芽吹くための栄養素を一身につくり出しているときだ。うま味を呈するアミノ酸にアスパラギン酸がある。アスパラガスから発見されたゆえである。ほろ苦い、しかし深みのあるアスパラガスのおいしさの秘密は、たっぷり含まれているアスパラギン酸をはじめとするアミノ酸の風味に由来するところが大きい。春の訪れとともに旬のおいしさを味わいたい。

「シンプル」が「ベスト」
アスパラガスのグラタン

《材料》
- アスパラガス（太め）……5、6本
- オリーブオイル …… 大さじ2
- 白ワイン …… 大さじ2
- パルメザンチーズおろす
  …… 3分の1カップ
- 卵黄 …… 1個分
- 白コショウ（粗びき）…… 適宜

《作り方》
①アスパラガスの軸下の硬い部分3、4センチを切り除き、穂先の下からピーラーで皮を薄く引く。
②オーブンを220度に予熱する。オーブンに入れる器に、アスパラガスを並べ、オリーブオイルを回しかけ、全体にからめる。白ワインを加え、パルメザンチーズをアスパラガスの軸下の部分に広げる（写真）。
③蓋をして（アルミホイルでもいい）オーブンに入れ、5分焼く。蓋を取り、卵黄を軸の上に置いたら蓋をせずに5分焼き、オーブンから出し白コショウを軽くして、熱いうちにいただく。

春のおいしさがいっぱい
アスパラガス

生命の原動力であるタンパク質が豊富

鯛

鯛は良質なタンパク質が豊富で、なおかつ味の良い魚です。うま味成分のグルタミン酸やイノシン酸がバランスよく含まれています。

ビタミンB_1も豊富ですから、疲労回復にもひと役買ってくれます。

そんな鯛の栄養がひときわ豊富で、味も良く、切り身よりお手頃な価格の頭の部分を煮物にしてみましょう。

頭はタテに半分に割って使います。塩分を控えるのが本書の大きなポイントですが、煮物は入れる順番によって調味料の量を控えることができます。

料理でよく使われる「さ（砂糖）、し（塩）、す（酢）、せ（醤油）、そ（味噌）」。

つまり粒子の大きな砂糖から順に加え、最後に香りの飛びやすい醤油や味噌を入れることによって、調味料の量を抑えながらしっかりと味を入れることができます。素材のうま味をきちんと味わうことができるのです。

醤油の加え方が味の決め手

鯛のかぶと煮

《材料》

◎鯛の頭　1つを半割りにする

A

- 水　2カップ半
- 酒　2分の1カップ
- しょうが千切り　4分の1カップ

◎三温糖　大さじ3

◎新ごぼう　約30センチのものを2本

◎醤油　大さじ3（うち大さじ2分の1は仕上げに）

◎木の芽　適宜

《作り方》

①斜めにしたまな板の上に鯛の頭を置く。熱湯をゆっくり回しかけ、取りきれていないうろこを取り除く。ごぼうを皮ごと洗って７センチに切りそろえ、太い場合は縦に半分に。真ん中にスがあれば先の細いスプーンで除く。

②広口の鍋に鯛の頭を並列に置いてAを加え、紙蓋をしたら強火で煮立てる。三温糖、ごぼうを加え、煮汁をかけながら５分煮て、味見をする。③醤油（大さじ２と２分の１）を加え、さっと煮立てたら火を止める。④そのまま室温になるまで置き、再度煮返し、味を見て締め醤油（大さじ２分の１）を加える。⑤器に盛り、煮汁をかける。手のひらで叩いて香りを立てた木の芽をたっぷりあしらう。

福岡 memo

鯛の「かぶと」にはDHAとEPAがたっぷり！

　私は１年のうち、かなりの日数を、客員教授を務める米国NY・ロックフェラー大学で過ごしている。いまやNYではスシやサシミはごく普通の人気メニュー。とはいえ、食材としての魚は（グリルしたものであっても）あくまで切り身として食べるものであり、頭や目玉がついたままだと文字通りギョッとする西洋人は多い。しかしこの目玉つきの頭（つまり、かぶと）にこそ美味と栄養が詰まっている。

　春の鯛は産卵前の旬の時期にあたり、特に桜鯛と呼ばれる。おいしいのはくちびるの肉、目の下のくぼみに詰まった頬の肉、それから裏返して硬い頭蓋骨の隙間に入っている細い身の部分である。そして目の周囲。ここにはドコサヘキサエン酸（DHA）とエイコサペンタエン酸（EPA）がたっぷり含まれている。これらはサプリメントとしても市販されている必須脂肪酸で、ヒトに不可欠な栄養素。脳細胞、網膜、精液などの主要成分であり、血圧を下げ、心臓疾患を防いでくれる。昔から丁寧に魚を食べてきた日本の食文化の知恵を味わいたい。

春においしさが増す

あさり

産卵期をむかえて、おいしさの増す春のあさりを用い、「あさりとじゃがいものタイ風いため」を作ります。味付けにはナンプラーを使います。

ナンプラーは、タイ料理に欠かせない調味料で、近海の小魚を塩蔵して発酵させた上澄み液、いわゆる「魚醤」の一種です。小魚の内臓に含まれる酵素がタンパク質を分解することでアミノ酸が形成され、塩気だけでなくうま味を伴います。独特の風味が、あさりのうま味をより、引き立ててくれるのです。

色の薄い物ほど上質とされ、和食との相性もよくなります。レシピに目安の分量を記していますが、種類によって塩分濃度が異なるため、最初は控えめに入れ、味見をしてください。ナンプラー独特の風味が、あさりのうま味をいっそう引き出すと同時に、塩分を補ってくれます。

うま味を加えることが、結果として塩分を控えることにつながるのです。

ナンプラーとの相性が抜群
あさりとじゃがいものタイ風炒め

《材料》
あさり（大きめ）　500グラム
A
- にんにくの千切り大さじ1とごま油大さじ1
- レモングラス 3本を小口切り（約大さじ1）
- じゃがいも 2個（皮をむき厚さ7ミリの一口大に。水にさらしてでんぷんを抜いておく）

チキンスープ　1カップ
バジル1茎と白ワイン大さじ2
ナンプラー　大さじ1～1と2分の1
玉ネギ　中1個（皮をむき縦半分に切り1センチ幅に）
ミニトマト　6個（ヘタを取り縦半分に）
ピーマン　1個（縦半分に切り、芯、種、わたを除き、長さ5センチ幅7ミリ幅に）
白コショウ　少々

《作り方》
①あさりの砂を吐かせ、殻をこすり合わせて洗い水気を切る。
②中華鍋にAを合わせて中火にかけ、香りが立ってきたらレモングラスを加える。これにあさりを入れて炒め、水気を切ったじゃがいもを加える（写真）。
③チキンスープ、バジル・白ワインの順に加えたら蓋をする。あさりの殻が開き、じゃがいもに火が通ったら、ナンプラーを味を見ながら加える。玉ネギとミニトマトを加え、さっと火を通す。
④最後にピーマンを加えて火を止め、味を見て白コショウで調味する。

コハク酸があさりの特徴！うま味成分の代表格

福岡memo

　あさりの旬は春先3月から4月である。初夏の産卵に備えて身の部分にしっかりと栄養を蓄積しはじめる時期。あさりにはオスとメスがあり、夏前、海水温が高くなるとそれぞれ卵子と精子を放出する。両者は水中で受精、あさりの赤ちゃんが生まれる。その前にいただいてしまうのだからまずは感謝が必要、資源の保護のための計画漁業も必要となる。

　あさり独特の海の風味はコハク酸による。化学的に見るとコハク酸はジカルボン酸という物質で、昆布だしのグルタミン酸と同じ仲間のうま味成分である。砂抜きの際、蜂蜜を数滴垂らしておくと、コハク酸がさらに合成されうま味が増す（コハク酸は糖から作られる）。

「巻き」のゆるやかさを生かしたい！

キャベツ

胃酸の過剰な分泌を抑え、胃の粘膜を保護したり修復したりする作用のあるビタミンUは、キャベツから発見されたことから別名キャベジンともいいます。

天然の胃薬ともいうべきキャベツは、他にビタミンC、ビタミンK、カルシウムなどさまざまな栄養素を含んでいます。

春キャベツを丸ごといただけるメニューを紹介しましょう。

通常のロールキャベツであれば、実際に食べるのは1個か1個。使うキャベツの葉はせいぜい1枚か2枚ですが、78ページで紹介する料理法なら、4分の1個分くらいはペロリと食べられるのではないでしょうか。

春のキャベツは巻きがゆるやかなため、葉と葉の間にもフィリング（詰め物）が入りますし、チキンスープで煮ることによってキャベツのうま味がさらに増します。スパイス類もキャベツの甘味を引き出してく

福岡memo

アブラナ科の植物には抗がん作用のある成分が豊富！

春に収穫されるのが春キャベツ。冬キャベツに比べ、巻きがゆるやか、葉が軟らか、中のほうまで色がついているのが特徴。昭和に育った私にとってロールキャベツは洋食の王様。特別な日のごちそうだった。

それにしてもロールキャベツはどうしてキャベツであって、白菜やレタスではないのか。それはキャベツが独特のさわやかな甘味を持っているからだ。だから子供も大人もキャベツが大好き。収穫したての春キャベツの葉にはたっぷりの糖分が含まれている。中まで色がついているのは、それだけ光合成（太陽光を利用して糖をつくり出す究極の自然エネルギー反応）が盛んな証拠。そしてもうひとつの美点。キャベツはアブラナ科の植物。黄色い可憐な花を咲かせる。ケールやブロッコリーとも親戚だ。アブラナ科の植物はイソチオシアネートという抗がん作用を持つ成分を豊富に含む。旬の春キャベツを使った熱々のロールキャベツは、見てよし、食べてよし、健康にもよし、と三拍子そろった素晴らしいメニューなのだ。もちろんビールにも合う。

れます。

出来上がったら熱々のスープとともにいただきます。マスタードを添えるとそれがアクセントになって、キャベツやスープのうま味や甘味はいっそう引き立ちます。

塩分控えめでも十分おいしく味わえるのです。

調理のポイントはフィリングの食感を出すこと。ひき肉は使わず、豚の肩ロースを角切りに。一緒にまぜるキャベツのざく切りは水切りをするだけで、火は通しません。

こうすることによってフィリングの食感も楽しめます。

タコ糸を使って作る
まるごとロールキャベツ

《材料》

◎春キャベツ　中１個

A
にんにく（みじん切り）小さじ１　オリーブオイル大さじ１

◎玉ねぎ（みじん切り）　１個分

◎豚肩ロース肉塊　200 グラムを１センチ角に切る

B
セミドライトマト（みじん切り）大さじ２　アンチョビー（同）大さじ１　ナツメグ、クローブ、タイム各小さじ４分の１　塩小さじ１　白コショウ

C
パン粉４分の１カップと卵１個をよく混ぜたもの

◎薄力粉　適宜

◎ローリエ　１枚

D……チキンスープ３カップ　白ワイン大さじ３

E……塩、白コショウ　少々

チキンスープがうま味をアップ

キャベツ

《作り方》

①キャベツのお尻から３センチの部分を水平に切り落とす。キャベツの上部、外側４センチを残し中の部分をスプーンなどで約２カップ分くりぬく。くりぬいたものをざく切りにし、塩小さじ２分の１と合わせて 10 分置き、水気をしっかり絞る。

②フライパンにAを入れて中火にかけ、玉ねぎをしんなりするまで焦がさないように炒めたら、粗熱を飛ばしておく。

③ボウルに②、豚肩ロース、B、Cを合わせて粘りが出るまでよく混ぜる。これに①を加えて混ぜる。

④キャベツの内側に茶こしを通した薄力粉を糊がわりに振り、③を少量ずつ入れ、スプーンの背などで押しながら空気を抜く。2、３センチ盛り上がるくらいに形作り、上にローリエをのせたらタコ糸で崩れないように形を整えて縛る（写真）。

⑤深めの鍋に④を入れDを加え蓋をして、沸いてきたら、弱火にして約 20 分間煮る。スープの味見をしてEで調える。

⑥タコ糸を外して切り分け、スープとともにいただく。好みでマスタードを添えるといい。

老化防止に最適の青魚！

イワシ

ここでは、栄養豊富な春の恵みを味わうと同時に、免疫力を高め、ひとつの料理を違った献立に展開できるような提案をしてみたいと思います。

イワシには老化防止作用のあるＤＨＡ（ドコサヘキサエン酸）やＥＰＡ（エイコサペンタエン酸）が多く含まれています。ＤＨＡは主に脳や目、ＥＰＡは血管や皮膚を老けさせません。骨を強くするカルシウムや、新陳代謝を促進するビタミンB_2なども豊富です。

そんなイワシを使って梅煮と、素揚げにしてみました（82ページ）。

梅煮は梅干しと生姜を使った煮物です。アルカリ性食品の梅干しには免疫力をアップする効果があるだけでなく、その酸味はイワシと煮ることで青魚特有の臭みをうま味に変えてくれます。

そして梅の酸はイワシの骨を軟らかくします。最初に三温糖を入れることでイワシの組織が開き、味も染みやすくなり、使う醤油も少量ですむのです。

出来上がった梅煮を魚焼きグリルの強火でさっとあぶっていただくと、また違った風味でいただけます。

素揚げは下味をつけたイワシを二度揚げ、高菜漬けのみじん切りを使ったソースをかけていただきます。

高菜漬けは乳酸菌を利用した発酵食品ですから、免疫力アップにつながります。揚げたイワシを甘辛に煮付けてもコクが増しておいしさがアップします。

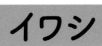

免疫力アップほか健康維持には欠かせない

福岡memo

生化学の教科書に必ず出てくる有名な実験結果がある。デンマークの研究者が、デンマークに住む白人とグリーンランド（デンマーク王国自治領）の先住民・イヌイットとの大規模な健康調査を行った。

すると肺炎、糖尿病、心筋梗塞、胃潰瘍、がんなどの主要な病気の罹患率において、彼らが圧倒的に低い数値を示したのである。血液を調べたところ、総脂質、コレステロール、トリグリセリドなどの血中脂質の値が、すべての年齢層で低かった。

研究者たちは、これが食生活の差であると推定した。イヌイットは、海産物中心の食べものを食べ、イモや野菜をほとんど取らない。研究者たちはさらに調査を進め、イヌイットの食事には、DHA（ドコサヘキサエン酸）やEPA（エイコサペンタエン酸）と呼ばれる多価不飽和脂肪酸が豊富に含まれていることがわかった。

これらの成分は必須脂肪酸として、血中脂質のレベルを下げ、循環器系疾患のリスクを下げている（血栓をつくりにくくする）。イヌイットの健康の秘密はここにあったのだ。循環器系が健康なら、血の巡りもよく、血液の中には免疫系を支えるリンパ球が流れているので、免疫系も強化されることになる。また、DHAやEPA自体がホルモン的な役割を果たして、免疫系の調整にも作用していることがわかってきた。うれしいことは、イワシのようなDHA・EPAリッチな魚の摂取が多い日本流の食生活との共通点が多いといえる。イワシをたくさん食べて、健康維持に役立てたい。

素揚げ

ついでに
もう一品

●素揚げ

①イワシ4匹の頭、尾、内臓を除いたら、頭を落とした方を左に置き、上面に5本ぐらい下包丁を入れる。②レモン汁大さじ3、醤油大さじ3、ニンニクすりおろし小さじ3分の1、黒胡椒少々を合わせた中で30分間マリネする。③イワシの水気を抑え、かたくり粉を腹の中にもまぶし、中温の油でさっと揚げる。④取り出して3分置いたら、次は高めの中温でカリッとするように揚げる。⑤市販の高菜漬けをみじんに切り、オリーブオイル大さじ3、白ワインビネガー大さじ1、生姜すりおろし大さじ2分の1、胡椒を合わせたソースをかけていただく。

栄養面ではトップクラス

イワシ

酸味がうまさを引き立てる

梅煮

《材料》

◎マイワシ　4匹（頭、尾、内臓を除く）

◎水　2カップ

◎酒　4分の1カップ

◎生姜薄切り　10枚

◎梅干し　1個

◎三温糖　大さじ1

◎醤油　大さじ1と2分の1

《作り方》

①イワシの頭、尾、内臓を除き、水気を切っておく。

②厚手の鍋に水と酒を煮立てたら、生姜と梅干しを加え、イワシを並べて紙蓋をする。

③三温糖を加えて蓋をし、弱火で 10 分煮る（写真）。

④蓋を開けて醤油を加えたら、強火で煮立てる。

⑤できれば粗熱が飛んでからいただくとよい。冷蔵庫で２～３日は日持ちする。

血液サラサラ成分に注目!

新玉ねぎ

新玉ねぎは収穫後、できるだけ早く食べたほうが味もよく、豊富な栄養を逃さずに摂取することができます。

疲労回復効果が期待できるビタミンB_1、新陳代謝を促進するビタミンB_2、抗酸化作用のあるビタミンC、骨を強化するカルシウムなどが主な栄養分です。

加えて辛味成分の硫化アリルには血液をサラサラにするだけでなく、免疫力を高める働きも期待されています。

ここではオリーブオイルで炒ったじゃこを上に振りかけたオニオンスライスを作ります。オニオンスライスは繊維を断ち切るように薄く切り、短時間で氷水にさらすことがポイントになります。

長い時間、水につけたり、絞ったりしてはいけません。せっかくのうま味も栄養分も逃してしまううえ、シャキシャキとした食感も損なうからです。

炒ったじゃこはペーパータオルを敷いた密封容器に入れ、冷蔵庫で1週間は保存可能です。ご飯や茹でた野菜にかけてもおいしいですし、そのまま酒のつまみにもなります。

オニオンスライスの上にのせるじゃこを削り節に替えれば和風サラダになりますし、オニオンスライスと刺し身をドレッシングで和えればカルパッチョとしてもいただけます。

春ならではのお楽しみ

極上オニオンスライス

《材料》

◎ちりめんじゃこ　1カップ
◎オリーブオイル　大さじ3
◎新玉ねぎ　1個
◎醤油　大さじ1と2分の1
◎米酢　大さじ1

《作り方》

①ちりめんじゃことオリーブオイルを合わせてフライパンに入れ、中火で混ぜながら、均等に火が通るように、カリカリになるまで炒める。②ペーパータオルに広げ、余分な油を切る。③新玉ねぎは皮をむき、縦半分に切り、繊維を断つように極薄に切り、氷水に１分間さらす。④さらに２回、氷水を替え、計３回さらしたら平ザルにあげ（写真上）、ペーパータオルで水気をおさえる。⑤器に盛り、カリカリのじゃこをのせ、醤油と米酢を合わせたタレをかけていただく。

炒めることで生成されるメラノイジン！そのパワーが注目されている

福岡memo

新玉ねぎは、早めに収穫した玉ねぎを乾燥させず、そのまま出荷したもの。春先、店頭に並ぶ。白くて、みずみずしく、皮が薄く、辛味が少ない。だからサラダなどで生食するのに向いている。

玉ねぎの層構造は、植物学的にいうと葉っぱが肥厚して積み重なったもの。ラッキョウ、ニンニク、チューリップ、ユリなどはみんなこの仲間。ここに養分をためているわけだが、玉ねぎの場合、光合成で作られた糖分をそのまま蓄えている。だから玉ねぎは甘いのである。

ちなみに、糖分を連結して蓄えたものが、米、小麦、とうもろこしなどのデンプンだが、連結してしまうと甘くなくなる。一方、玉ねぎは包丁で切ると涙が出てくることからわかるように、揮発性の辛味成分をたくさん含んでいる。これはもともと虫などに食われないための植物の知恵だったのだが、人間はこの辛味も玉ねぎの風味として楽しんでしまった。加熱すると辛味成分は飛ぶので、玉ねぎを炒めたり、焼いたりするとよけいに甘味が増す。そして玉ねぎを炒めると褐色に色づくのは糖とアミノ酸が反応してできるメラノイジンが生成するため。このメラノイジンは、抗酸化作用、活性酸素除去、発がん物質の消去、免疫の向上など機能性食材としての可能性を秘めているので研究が進められている。

下処理がおいしさを決める

グリーンピース

　グリーンピースは、成熟していないエンドウマメを収穫したもの。さやから取り出した種子のことです。見事なひすい色をしていて風味がよいのが特徴です。まさに春を味わえる食材です。

　グリーンピースは余分な脂肪の吸収を防ぐ食物繊維が飛び抜けて豊富なうえ、老化抑制、免疫力増進につながるタンパク質、過剰な塩分を体外に排出するカリウム、疲労回復効果が期待できるビタミンB_1などが豊富に含まれています。

　ここでは、グリーンピースを使った豆ご飯と、卵とじの2品のレシピを紹介します（88ページ）。いずれも下処理と茹でる際にポイントがあります。

　さやから取り出したグリーンピースは薄い塩水に入れ、浮いた豆は取り出します。スカスカの豆を取り除き、水分を補うためです。あらかじめさやから取り出してある豆を使用する場合は、より水分を補う必要があるだけに、15分ほど浸してから使うのがコツです。もうひとつのポイントは、さやも一緒に茹でること。そのほうが風味がグンとよくなるからです。

　茹でたグリーンピースは、茹で汁に漬けた状態のまま、冷蔵庫で2～3日保存できます。サラダに加えたり、煮物のあしらいに使ったりもできますし、ダシ汁、酒、塩で味を薄く調えて、くず粉で軽いとろみをつければ、ひすい豆としてもいただけます。

　豆ご飯には免疫力アップ効果のあるβグルカンを含むエノキダケも加えました。

　豊富な栄養を摂取すると同時に、春の薫りを存分に堪能してください。

福岡memo

料理では脇役的だが、栄養面では間違いなく主役級！

子供の頃、なぜか私はグリーンピースが苦手で、チャーハンやピラフに入っているのをいちいちつまみ出して捨てていた。プラスチックみたいな人工的に見える緑色と、あまり味のない食感が嫌だったのだろう。いまにして思えば、とても罪なことである。なぜなら、グリーンピースは生物学者にとってリスペクトしてもしすぎることのない最重要の実験材料だったからである。

日本でいうと明治維新が始まる少し前、オーストリアの修道院の司祭グレゴール・メンデルは、エンドウマメ、すなわちグリーンピースを使って実験をしていた。豆にシワのある系統とない系統をかけ合わせるとシワのないものができる。これを自家受粉すると次の世代ではシワのないものとあるものが3：1で出現する。有名なメンデルの法則である。遺伝が何らかの物質的な媒体（いまで言う遺伝子）によって運ばれ、また優性と劣性（正式には顕性と潜性）の組み合わせによって数学的な法則が成り立つ。

しかしこの先進的な研究は認められることなく、メンデルは失意のうちに死んだ。メンデルの研究が評価されたのは 20 世紀になってからである。一方、メンデルは実験結果が自分の数学的モデルに合うよう、データを少しお化粧（悪く言えば捏造）していた疑いも持たれている。

さて、食材としてのグリーンピースは、やや脇役的ではあるが栄養成分的には主役級である。

まず良質のタンパク質を含む。タンパク質は、免疫システムの重要素材、抗体（免疫グロブリン）の原料となる。また小ぶりながら食物繊維も豊富。食物繊維は整腸作用とともに悪玉腸内細菌の排出にも一役買う。しっかり栄養を取って体調を維持したい。

豆ごはん

シンプル・イズ・ベスト
豆ごはん

《材料》
◎グリーンピース　さや付き500グラム
◎塩　大さじ1＋小さじ2
◎水　適宜＋1リットル
◎米　2カップ
◎酒　大さじ3
◎エノキダケ　2分の1パック（石つきを除き、長さ3センチに切りほぐす）

目にも「おいしさ」が伝わる
グリーンピース

《作り方》
①グリーンピースをさやから外し、深めのボウルに水（適宜）と塩（大さじ1）を加えた中に入れて少し置き、浮いた豆は取り除く。②さやを5つ分くらいよく洗ったら、水を切る。③鍋に水（1リットル）と塩（小さじ2）とさやを入れて煮立てたら、水を切ったグリーンピースを加え、紙蓋をして弱火で約5分茹でる（写真）。④そのまま火を切り、室温になるまで冷ます。
⑤米をといだら、10分浸水させて、15分水切り。⑥グリーンピースの茹で汁2カップ弱と酒を合わせ、塩で味を調えたら、米を入れて強火で煮る。⑦煮立ったら火を弱め、鍋中の上下を返し、蓋をして7～8分で炊き上げる。⑧水気を切ったグリーンピース1カップ分とエノキを加え5分蒸らし、大きくまぜていただく。

ついでにもう一品

●卵とじ

①グリーンピースの茹で汁をこしたものを2分の1カップとダシ1カップを合わせて煮立てる。②酒大さじ2を加え、味を調えたら弱火に。卵2個のカラザを除いて白身を切りながらといたら、高めの位置から加えて大きくひと混ぜ。③茹でたグリーンピース2分の1カップを加えて火を切り、好みの半熟に仕上げる。

ホタテの旬は貝柱がどんどん大きくなる春から夏にかけてです。

殻付きのホタテを使う場合は、できれば生きているものを選ぶことです。殻が少し開いていて、触ると素早く閉じるものであれば大丈夫です。隙間からのぞけるなら、できるだけ貝柱が大きいものを選びます。

高タンパクで低カロリー。脂肪分の少ない良質なタンパク質に加えてタウリン、亜鉛、鉄分なども豊富です。なかでも心臓病、高血圧、生活習慣病の改善作用のあるタウリンは100グラム当たり1グラムも含まれていますし、亜鉛には老化防止作用があります。

ここでは、新鮮な刺し身用のホタテを使ったカルパッチョと、野沢菜漬けとのバター炒めの2品のレシピを紹介します（92ページ）。

炒め物のほうは冷凍でもいいでしょう。冷凍してあるものはペーパータオルを敷いたトレーの上に置き、冷蔵庫で時間をかけて解凍しましょう。ゆっくり解凍したほうが豊富な栄養分やうま味成分を逃さないからです。

タウリン、亜鉛がいっぱい

ホタテ

カルパッチョの付け合わせに使う春菊は抗酸化作用のあるβカロテンが豊富ですし、なにより鮮烈な香りが生のホタテのうま味や甘味を引き立ててくれます。

ここではアンチョビーとレモン汁を使ったドレッシングを合わせましたが、ドレッシングを柚子胡椒やわさびベースにしてもよく合います。付け合わせを新玉ネギのスライスやトマトに替えてもおいしくいただけます。

もうひとつのバター炒めは、野沢菜漬けと合わせます。野沢菜漬けは乳酸菌を利用した発酵食品ですから、免疫力アップが期待できます。野沢菜漬けを他の青菜の漬物、例えば高菜漬けにしても合います。古漬けを使う場合は水にさらして水気を絞ってから炒めます。

福岡
memo

アミノ酸の宝庫！「甘くて、おいしい」の生物学的理由

ホタテ、と私たちが一般的に呼んでいる食材はホタテ貝の貝柱のこと。英語ではスキャロップである。

貝柱は二枚貝の殻を閉じるための強力な筋肉の束である。だから縦向きに筋肉繊維が走っている。食べるとサクサクほぐれるような食感があるのはそのため。そしてホタテの貝柱が甘くておいしいのにも生物学的な理由がある。筋肉はすばやく動かすために大量のエネルギーがいる。そのため貝柱にはエネルギー源としてたくさんの糖質（グリコーゲン）が含まれている。グリコーゲンは、「グリコのキャラメル」の名前にあるとおり、ブドウ糖の連結体である。なので食べると甘い。筋肉はタンパク質なので、うま味アミノ酸の宝庫でもある。

また、貝柱にはコハク酸という特殊な酸が含まれていて、これが貝特有の香りとうま味を発揮する。どうしてホタテが免疫力アップ食材かと問われると、ちょっと論理に飛躍があるが、良質のアミノ酸と糖質が回り回って、免疫システムの大切な成分である抗体の生産のための原料となるからだ。

ついでに
もう一品

●野沢菜漬けとのバター炒め

①ホタテ貝（冷凍可＝一粒を４分の１～６分の１の大きさに切る）４粒に白ワイン大さじ１をかけておく。
②野沢菜漬けの水気を絞って、長さ３センチに切る（２分の１カップ分）。
③にんにくスライス小さじ１～２とバター大さじ１をフライパンに入れて中火にかけ、野沢菜漬け、ホタテ貝を加えてさっと炒める。
④味をみて塩白胡椒で調味する。

生でも炒めてもおいしい

ホタテ

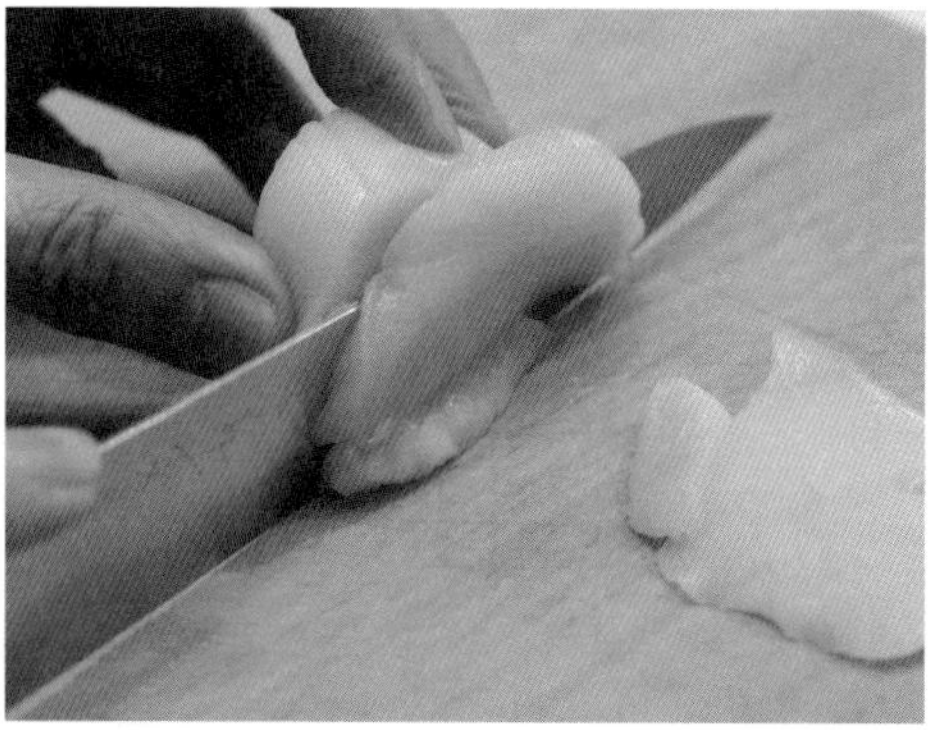

野沢菜漬けとのバター炒め

甘さが極立つ

カルパッチョ

《材料》

◎ホタテ貝刺し身用　4粒

◎塩　ほんの少し＋小さじ４分の１

◎春菊　４分の１束

（葉を軸から外して一口大にちぎる）

◎オリーブオイル　大さじ３

◎アンチョビーのみじん切り　大さじ２分の１

◎レモン汁　大さじ１と２分の１

◎白胡椒　少々

《作り方》

①ホタテ貝の脇についている柱を下にして一粒を４枚ぐらいに薄く切り（写真）、両面に塩をほんの少し振り、冷蔵庫で15分寝かせる。

②器に春菊の葉を敷き、ホタテの薄切りを並べたら、オリーブオイル、アンチョビー、レモン汁、塩（小さじ４分の１）、白胡椒をよく交ぜて、全体に回しかける。

ひと手間でうま味がアップ

ニラ

ニラも春が旬。軟らかく、香りが強く、甘味も豊富です。

私たちが通常ニラと呼んでいるのは葉ニラのこと。他に黄ニラ、花ニラがありますが、ここでは葉ニラを使って豚肉、キムチとの炒め物にします（96ページ）。

しゃきしゃきとした食感や、うま味や甘味を逃さないポイントがいくつかあります。

ひとつはニラを切りそろえることです。これはニラに限りません。

野菜を切るときに長さや大きさが均一であれば、まんべんなく火が通りますから、食感もバツグンによくなります。見た目もきれいです。

もうひとつは火の通し方です。火を通し過ぎますと、食感を損ないますし、甘味も飛んでしまいます。

あとは茹でたニラをギュッと絞らないこと。強く絞り過ぎると、うま味成分を逃してしまいます。特におひたしを作る際は気を付けてください。

ニラはおいしいだけでなく、栄養面でも優秀です。

まずβカロテンが豊富です。同様に含まれているビタミンEとともに抗酸化作用や、糖化防止作用があります。においのもとであるアリシンには強い殺菌作用があり、整腸作用のある食物繊維も豊富です。

火を通し過ぎたり、強く絞り過ぎたりしてしまえば、豊富な栄養も台無しです。ほんのわずかなひと手間、少しばかりの気遣いをすることで春のうま味と豊富な栄養分をいただけるのです。

福岡memo

独特のにおいの元「アリシン」にすばらしい健康効果

ニラは、ニンニクの親戚の植物。どちらも学名をアリウムといい、その名にちなんだアリシンという揮発成分を発する。これがあの特有の臭み成分で、硫黄を含む化合物。火山ガスと一緒で、生物にとって嫌なにおいであり、本来は虫を遠ざけるために植物が準備しているものと考えられるが、なぜか人間は、この香りに引きつけられてしまう。

それは学習による効果だと思われる。ニラは、次ページのレシピにあるように豚キムチをはじめ、レバニラ、ニラ玉など、味の濃い、おいしい料理の格好の材料である。なので私たちは、ニラのにおいをかぐと、その先に必ずうまい一品が待っていることを期待する。これがニラの誘引効果である。

ところでこのアリシンという香気成分にはすばらしい健康効果もある。豚肉には新陳代謝や免疫機能を高めるビタミンB_1が豊富に含まれているが、アリシンはこのビタミンB_1の吸収を画期的に高めてくれるのだ（これを製剤化したのがアリナミンである）。またアリシン単独でも殺菌・抗菌効果、抗がん効果などが研究されている。

強壮・強精効果もあるので、仏門では煩悩をかきたてるということで「葷《くん》酒《しゅ》山門に入るを許さず」（「葷」とは「ニラ」＝アリシン）とされる。ニラ料理で煩悩のひとつくらいかきたててもバチは当たるまい。

甘さと辛さのハーモニー
豚キムチとの炒めもの

《材料》

◎ニラ　1束を長さ4センチに切りそろえる

◎豚肩ロースの薄切り300グラムを一口大に切る

◎塩　　少々

◎こしょう　　少々

◎薄力粉　　適宜

◎ごま油　　適宜

◎キムチ　2分の1カップを2センチ大に切る

◎長ネギ　2分の1本の芯を除いて斜め薄切り

◎酒　　大さじ2

◎醤油　　大さじ1

《作り方》

①豚肉に塩、こしょうをふったら、薄力粉を茶こしを通して全体にまぶしておく。

②フライパンにごま油を熱し、キムチをさっと炒め、香味がたったら豚肉を加えて強火に。

③長ネギを加え、味を見て酒、醤油、こしょうで調える。

④汁気がなくなったらニラを加えて火を切り（写真）、余熱でさっと混ぜる。

豊富な食物繊維と栄養素

ニラ

ついでにもう一品

おひたし

①沸騰した湯に塩を加えて、ニラ１束をさっと湯通し程度に茹でたら、手早く冷水に取る。②軽く水気を絞り、長さ４センチに切りそろえる。③えのきだけ２分の１パックは石づきを除いて半分に切り、ほぐしておく。④濃いめに取ったダシ１カップを沸かし、酒大さじ２、塩小さじ２分の１を加え、えのきだけを入れてさっと火を通す。⑤薄口醤油大さじ１を加えて火を切り、ペーパータオルで水気を抑えたニラを混ぜる。

2

夏の旬を味わう

暑くて疲れやすい季節だからこそ、健康維持には「食」が重要

高タンパク、低カロリーの優秀食材

真ダコ

真ダコはその産地によって旬の時期が異なります。日本の北の地方は秋にかけてですが、瀬戸内では夏が旬とされています。

旬の食材として真ダコを選んだ理由のひとつに、とにかく栄養が豊富であることがあげられます。

タコというと、ともすれば、栄養が乏しいような印象をもつ方もいらっしゃるかもしれませんけれど、肝臓の働きを促す作用をもつタウリン、抗酸化作用のあるビタミンE、動脈硬化や認知症の発症を抑えるビタミンB_{12}、老化防止に有効な亜鉛などが含まれています。なにより高タンパク、低カロリーですから、ダイエットに適しています。

ここでは真ダコを使ってオリーブオイルとニンニクで煮込むスペイン料理のアヒージョと、小麦粉などと合わせて平たく焼く韓国料理のチヂミにしました（100ページ）。

アヒージョでは真ダコの頭も使います。タコの料理は主に足を使うイメージが一般的かもしれませんが、頭は足と比べて軟らかいうえ、値段も比較的安価です。さらに使いやすいので、おすすめの部位です。タコと合わせるマッシュルームは包丁で切るのではなく、手で割いてください。そのほうが味が染みます。

真ダコを使ってチヂミにしたのは、ニラとの相性がバツグンにいいからです。

足だけでなく、頭も料理する。栄養豊富な旬の食材を余すところなく、おいしくいただきたいものです。

福岡memo

もっとリスペクトされていい！ かなりの知能の持ち主

このタコ！　という罵《ののし》り言葉は落語などでよく聞かれる。その語源は、私も定かなところは知らないが、江戸時代にはすでにあったらしい。なになに以下（イカ）という嘲《あざけ》りの対語として人々の間で使われるようになったとか。丸い頭部とゆらゆらした８本の足というユーモラスな形態も面白おかしく語られる理由だろう。

しかし、生物としてのタコは罵られるほどには愚かではなく、むしろかなりの知能の持ち主である。問題解決能力や記憶力が高いのだ。

例えば、ネジ蓋式のガラス瓶にエサを入れて与えると、エサを視認した上で、試行錯誤の末、蓋を足で回して開けることができる。食用としては主にこの足をいただくわけだが、刺し身にしても、調理をしてもおいしい。歯ごたえがありつつ、極めてなめらかな独特の食感は、タコの足の筋肉に、特定の方向の繊維（すじ）が走っていないことによる。それはタコがこの足を自由自在にあらゆる方向に動かして、移動、捕食、防御などをするために必要だからだ。８本の足にはくまなく神経のネットワークが張り巡らされているので、実に器用な動きができる。タンパク質としても必須アミノ酸が十分量含まれるすぐれた動物性タンパク源である。知性ある人は、タコを罵り、嘲りの言葉として使うことを慎むべきだ。

地中海に思いをはせて

アヒージョ

《材料》
◎真ダコの頭　一口大に切る（写真）
◎真ダコの足　中1本を一口大の乱切り
◎マッシュルーム　4〜5個の汚れを拭いて石付きを除き、手で4つに割く
◎ニンニクのみじん切り　小さじ2分の1
◎オリーブオイル　大さじ3
◎アンチョビーのみじん切り　大さじ1
◎赤唐辛子のみじん切り　小さじ4分の1
◎白ワイン　大さじ3
◎塩　少々
◎白胡椒　少々
◎イタリアンパセリ　みじん切り少々

《作り方》
①小さめの土鍋、または耐熱容器にニンニクとオリーブオイルを入れて中火に。
②ニンニクの香味が立ったら、アンチョビーと赤唐辛子とタコを加えて軽く炒める。
③マッシュルーム、白ワインを加え、蓋をして1〜2分火を通し、味をみて塩、白胡椒で調味する。
④最後にイタリアンパセリを振りかける。

タウリン摂取で夏バテ対策

真ダコ

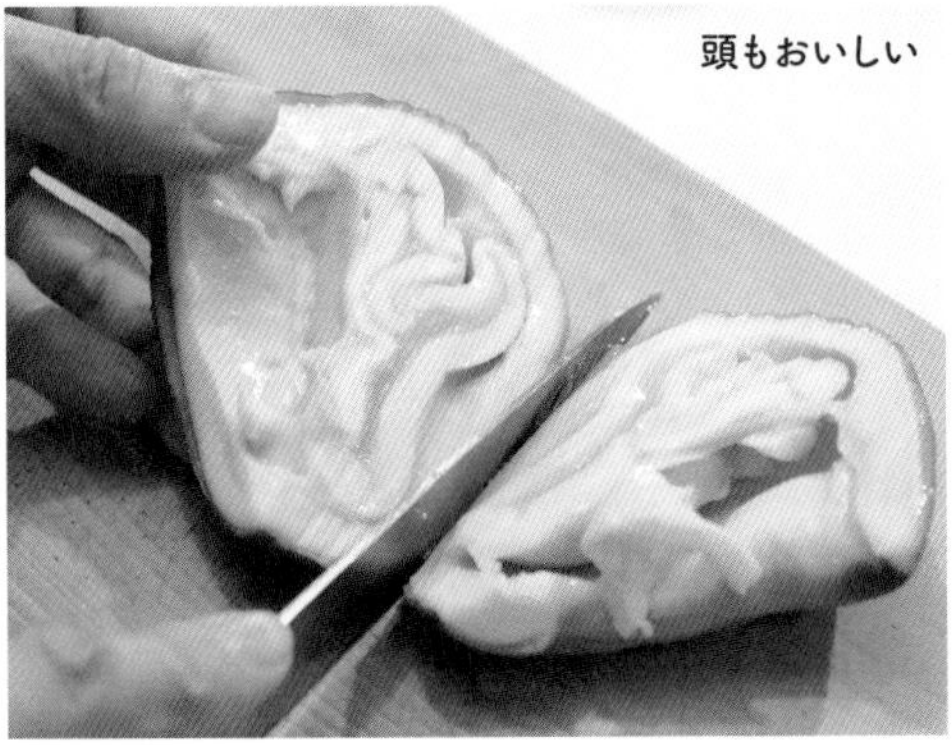

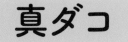

ついでに
もう一品

●チヂミ

①薄力粉（大さじ4）、片栗粉（大さじ3）、ダシ（大さじ1＝水で代用可能）、酒（大さじ1）、卵（1個）、白胡椒（少々）を合わせる。②フライパンにごま油大さじ1を入れて中火にかけ、薄力粉などを合わせたものを流し入れ円形に。③タコの足の粗みじん切り2分の1カップと、ニラの小口切り4分の1束を全体に散らす。底面に火が通ったら上下を返し、周りからごま油大さじ1を流し入れ、カリッとするまで焼く。④一口大に切り、たれ（醤油大さじ1と2分の1、米酢大さじ1、コチュジャン小さじ1、白ごま大さじ1）をつけていただく。

各種栄養素の面では主役級

生キクラゲ

生キクラゲは料理の脇役といったイメージが強いのですが、非常に栄養分が豊富です。ゴボウの3倍の食物繊維、食品のなかでも保有量がトップクラスのビタミンD、牛乳よりも多いカルシウム、牛レバーの9倍もの鉄分などを含んでいます。

なかでもビタミンDとカルシウムは最強コンビです。ビタミンDはカルシウムの吸収を促すだけに、骨や歯を丈夫にする相乗効果が期待できます。骨粗しょう症の予防につながるのです。

鉄分は貧血防止に役立ちます。貧血というとまず立ちくらみを連想しますが、疲れやすい、息切れしやすいといった症状も含まれます。鉄分は汗や尿なども含め、知らず知らずのうちに体外に出てしまうため意識的に摂取した方がよいかもしれません。

キクラゲ同様にビタミンDが豊富な鶏卵と合わせました。生キクラゲは手でちぎった方が味が染みます。

生ならではの食感
トマトと卵との炒め煮

《材料》
◎生キクラゲ　4、5 枚
　さっと洗い、石づきを除いたら手で一口大にちぎる（写真）
◎トマト　　中２個
　皮をむき、芯を除き、横半分に。種を除いて一口大のザク切り
◎卵　　３個 カラザを除き、軽くとく
◎ニンニク　　１かけ
　縦半分に切り、芽を除いて薄切りにスライス
◎ごま油　大さじ２
◎三温糖　大さじ２分の１
◎塩、白コショウ　　少々

《作り方》
①中華鍋にごま油とニンニクを入れ、中火より強めの火で香味の立つまで炒める。
②生キクラゲ、トマトを入れて炒め、三温糖を加える。
③材料に照りが出てきたら、卵を流し入れ、玉じゃくしを大きく使って合わせる。
④卵が半熟の状態で火を切り、塩、白コショウで調味。余熱で仕上げる。

整腸作用に効果！ コリコリ感がたまらない

福岡 memo

台湾に旅行した際、たまたま入った街場の料理屋で、卵にキクラゲが入った炒めものが出た。これが抜群においしかった。今回のメニューはさらにその上を行く組み合わせ。卵はタンパク質源としてパーフェクトな食材（生命が発生するために必要なアミノ酸がバランスよく含まれている）。トマトはうま味のもと（だからパスタやピザのソースとなる）。そしてキクラゲのあのコリコリとした食感。台湾では「木耳」と表記されていた。

さて、キクラゲの正体はキノコ。あの独特の食感はヘミセルロースやペクチンと呼ばれる食物繊維による。キクラゲにはキノコのなかでも特に多く含まれている。食物繊維はカロリーにはならず、整腸作用や便通を良くする効果がある。さらにビタミンやミネラルを豊富に含むので健康によい。私たちが食べるキクラゲは多くの場合、乾燥品を戻したものだが、生キクラゲは新鮮な食物繊維がたっぷりと水分子を含んでいるのでコリコリ感が半端ではない。

皮にはビタミンDが多い

鱸（スズキ）

スズキは高タンパク低脂肪の典型的な白身魚です。良質なタンパク質は体力向上、代謝促進に欠かせませんし、血液をサラサラにして認知症予防、改善効果のあるEPAやDHAも含まれています。免疫力を高め、筋力増強にも役立つなど全身に作用するビタミンDが豊富な点も見逃せません。

スズキのビタミンDは皮に多く含まれていますので、今回のレシピでは皮を付けたまま調理します。

豊富な栄養分を余すところなく、おいしくいただくのが重要なポイントですから、唐揚げは二度揚げによって中はフワッと、表面はパリッと仕上げます。

揚げた食材を油から離し、2、3分、置いておくことで、中の水分が表面に出てきます。もう一度、揚げることによって水分を飛ばせるので、表面がカリッとするのです。

今回は大根おろしに豆板醤を加えたソースで召し上がっていただくことにしました。

二度揚げで食感アップ

唐揚げのピリ辛大根おろし添え

《材料》

◎スズキの切り身　2切れを骨があればそぎ取り、大きめの一口大に
◎醤油　大さじ2
◎酒　大さじ2
◎にんにくすりおろし　小さじ4分の1
◎黒胡椒　少々
◎片栗粉　適宜
◎揚げ油　適宜
◎大根おろし　適宜
◎豆板醤　小さじ1
◎米酢　大さじ1

《作り方》

①醤油、酒、にんにく、黒胡椒を合わせ、スズキの切り身を15分漬け込む。水気を軽く拭き取り、片栗粉をまぶす。
②中温に熱した油で薄いキツネ色になるまで揚げたら取り出し、いただく直前に170度の油で再度、表面がカリッとするように揚げる（写真）。
③大根おろしの水分を軽くしぼって揚げたスズキの上にのせ、豆板醤、醤油、米酢を合わせたものをかけていただく。

魚の白身には不飽和脂肪酸が多い 心臓・血管疾患予防に効果

福岡memo

今回は、鱸。この漢字は難しい。魚偏の右側の「盧」は、中国の古いコンロのことで、真っ黒な魚という意味が語源らしい。ちゃんと書ける人はほとんどいないだろう。読むほうもおぼつかない？

でも、心配ご無用。スズキは読むものではなく食べるもの。そして食べる旬は初夏。スズキは冬に産卵期を迎えるが、この時期はオスもメスも生殖腺に栄養を取られ、身が痩せてしまう。暖かい海でたくさんエサを食べてしっかり太る夏がいちばん肉質がよい。

外側は真っ黒で口が大きく、シーバスとも呼ばれるが、内側の身は真っ白。血合いもクセもない、きれいな白身はそのままでも、調理してもおいしい。独特のコリコリ感がある。一般的にタンパク質は動物の肉よりも魚がよい。同じ魚なら赤身より白身がよい。これは健康科学の常識。そのわけは含まれる脂にある。魚の白身には不飽和脂肪酸が多く、心臓血管疾患の予防に働く。

ときに、スズキは出世魚。大きくなるにつれ、コッパ、セイゴ、フッコ、スズキと呼び名が変わる。

カロリーも気にならない

じゃがいも

栄養価とうま味が最大になる旬の食材を、最もおいしい形でいただくことは何より重要です。

夏のおすすめ料理として、ポテトサラダによって新じゃがのもつうま味を味わい、ピーマンと長ねぎと炒めることによってシャキシャキの食感を楽しんでいただくレシピの紹介です（１０８ページ）。

ポテトサラダの作り方について、料理本やテレビの料理番組では、じゃがいもをレンジでチンすると教えているケースもあります。けれども、おいしさは、ゆでたものにかないません。味の濃さがまるで違います。

旬のものをおいしく食べられるうえに、じゃがいもに豊富に含まれるビタミンCは非常に熱に強く、煮たり焼いたりしても壊れにくいため、栄養分を逃すことなく摂取できるのです。

ビタミンCは病気に対する抵抗力を高め

リンゴの8倍！ビタミンC含有量がすごい

福岡memo

月の上旬、中旬、下旬という言葉がある通り、旬とは本来たったの10日間のこと。ゆえに、旬の食とはその食材のもととなる生命の輝きが最も活発なほんの一瞬、ということになる。植物性の食材であれば芽吹きや実りの瞬間にあたるし、動物性の食材であれば産卵を前にエネルギーを蓄積したとき、あるいは冬に備えて脂を蓄えたとき、といった時期になる。我々は、他の生物の生命をいただくだけでなく、その生命が最も高まるときを見計らって収奪してしまうのだから、人間は本当に罪な存在である。増え過ぎた人類の、一人一人の生命を支えるためのありがたきリソースとして地球環境があることをいま一度、食事の前に心に刻みたいもの。

さて、訓話はこれくらいにして、今回は新じゃがいも。何が「新」かといえば、普通のじゃがいもは秋に収穫するところ、夏前にもおいしいじゃがいもが食せるがゆえの新。前の年の冬に植えてちょうど夏に収穫できるようにしたものだ。小ぶりで皮が薄く、みずみずしいのが特徴。温暖な地域でたっぷりと太陽の光を浴びて栽培される。新じゃがいもに含まれるビタミンCは同じ重さのリンゴの８倍！ ２つ食べれば一日の必要量が満たせる。

るばかりか、抗酸化や老化防止の作用があります。

炭水化物抜きダイエットといいますし、じゃがいもを食べると太るという先入観をもった方もいらっしゃるかもしれませんが、実際のカロリーはご飯の半分ほど。

それでいて満腹感を味わえるのですから、むしろダイエットに向いた食材といえます。

ピーマン、長ネギとの炒め物

ついでに
もう一品

ピーマン、長ネギとの炒めもの

①新メークイン３～４個の皮をむき、７ミリ角の棒状に切ったら、たっぷりの水にさらしてでんぷんを抜く。②ピーマン２個は長さ６センチに切り揃え、タネとワタを丁寧に取り除いて千切りに。ねぎは芯を除いて斜め薄切り。③中華鍋にニンニクの千切りとごま油を多めに入れて熱し、香味が立ったら水気を切ったじゃがいもをシャキシャキ感が楽しめるよう手早く炒める。④じゃがいもが透き通ってきたらねぎと酒大さじ２杯を加え、さっと炒め、塩、白コショウで味を調える。⑤火を切ってピーマンを加え、混ぜ合わせる。

ダイエット派にもおすすめ

じゃがいも

《作り方》
①大きめの鍋に塩とじゃがいもを皮ごと入れ、水をひたひたに張って煮る。じゃがいもに竹串がすっと通るようになったら取り出し、熱いうちに皮をむいてボウルへ(写真)。木べらなどで4つに崩し、米酢をかける。
②粗熱が飛んだら、マヨネーズと三温糖と粉からしをよく混ぜたものと玉ねぎ、ロースハムを加える。
③じゃがいもが冷めたら、きゅうりを加え、味をみながら塩と白コショウで調味する。
④冷蔵庫で30分ほど休ませて再度、味をみて、足りなければ調味料を足す。

ポテトサラダ

「ゆでる」が味の濃さを生む
ポテトサラダ

《材料》
◎新メークイン　500グラム（表面の皮が薄く、はがしやすそうな新しいものを選ぶ）
◎塩　大さじ1、小さじ2分の1
◎米酢　大さじ2
◎マヨネーズ（酸味の強いもの）　4分の3カップ
◎三温糖　大さじ1と2分の1
◎粉からし　小さじ1
◎玉ねぎ　2分の1個を繊維に沿って薄切り
◎ロースハム　5枚を長さ4センチの千切り
◎きゅうり　1本　縦半分で種を除き半月薄切り
◎白コショウ　少々

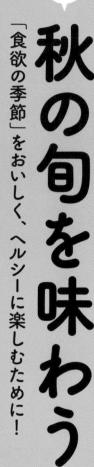

3 秋の旬を味わう

「食欲の季節」をおいしく、ヘルシーに楽しむために！

DHA、EPAがいっぱい

サンマ

文字通り、秋を代表するサンマ（秋刀魚）には数ある魚の中でもDHA（ドコサヘキサエン酸）やEPA（エイコサペンタエン酸）が多く含まれています。

とりわけ旬の秋には最も脂が乗り、DHAもEPAも豊富です。DHAは脳や目、EPAは血管や血液の老化防止に役立ちます。

サンマは目が澄んでエラが鮮やかな紅色をしているもの、身が硬く銀色に光っているものを選びます。背が盛り上がっているものほど脂が乗っています。

新鮮なうちに塩焼きにして食べたいところですが、用意したその日に食べられるとは限りませんし、塩焼きばかりでも飽きて

福岡memo

秋に食欲が増すのには、生物学的に意味がある

食欲の秋。秋に食べ物がおいしくなるのにはちゃんと生物学的な理由がある。植物も魚も動物もみな、来るべき冬に備えて栄養を蓄積・貯蔵し、また次世代をつくるための種や実をみのらせ、あるいは卵をはらむ。脂が乗ったサンマの旬はまさにこの季節の恵み。

私は米国での研究生活が長かったせいで、食べ物の「旬」を大切にする日本の食文化をたいへんすばらしいものだと深く感じている。春にはタケノコや芽吹きたての山菜、初夏にはカツオ、夏はアユ、秋には、もちろん今回のサンマの他、たとえばマツタケ、冬には鍋物、といった「旬」感覚が、アメリカの食生活にはかなり乏しい。特に旬という時期もない。旬があることがどれほど食文化を豊かにしていることか。いま一度噛み締めたい。

さて、サンマは煮ても焼いてもおいしい。身がほろほろと外れやすいので子どもでも食べやすい。小さいうちから日本の食文化をしっかり味わっておいてもらいたいもの。もちろん栄養価的にもすぐれており、青魚なので、心臓血管系の疾患を予防する不飽和脂肪酸（いわゆる血液をサラサラにする成分）に富んでいる。ちなみに、秋が食欲の季節であるもうひとつの理由は、私たち人間自身も生物だからである。寒い冬に備えて、豊富な栄養をたくさん摂取しておきたいという本能はいまだに私たちの遺伝子の中に刻み込まれている。

しまいます。

そこで今回は塩焼き以外の調理法を2つご紹介します（112ページ）。

メインは梅煮です。梅干しと一緒に煮ることによって青魚特有の臭みが消え、梅干しの酸味がうま味に変化するからです。骨も内臓も除かず、ざく切りにして煮込みます。サンマの骨はそもそも軟らかいうえ、梅の酸によってさらに軟らかくなるため、食べるときにさほど気になりません。

もう一品は、三枚におろして蒲焼き風に仕上げました。蒲焼きというと甘ったるいイメージが強いかもしれませんが、山椒と生姜によって味はかなり引き締まります。蒲焼き風も梅煮も2日間くらいであれば冷蔵庫で日持ちします。

サンマが不漁となるシーズンがありますが、安くなったタイミングで買い、頭とワタを取り除いて冷凍保存しておくのもひとつの方法です。

青魚独特の臭みが消える

梅煮

《材料》

◎サンマ　　2尾

◎塩　　少々

◎薄力粉　　適宜

◎ごま油　　大さじ1と2分の1

◎水　　1カップ

◎生姜薄切り　　大さじ1

◎梅干し　大1個

（割いてタネも使う）

◎酒　　大さじ3

◎三温糖　　大さじ1

◎醤油　　大さじ1

◎あさつき　　3～4本を小口切り

《作り方》

①サンマはワタごと３～４つの筒切りにし、塩を薄く振り、茶こしなどを通して薄力粉を振る。

②フライパンにごま油を熱し、サンマの両面をワタを崩さないように焼く。

③土鍋、または厚手の鍋にサンマ、水、生姜、梅干しを加えて煮立てたら、酒と三温糖を加える（写真）。

④火を弱め、蓋をしてときどき、サンマに煮汁をかけながら、汁気が半量になるくらいに煮詰める。

⑤味をみて醤油を加え、さっと煮立てたら、器に盛り、あさつきをあしらう。

骨も軟らかく、食べやすい

サンマ

ついでにもう一品

●蒲焼き風

①サンマ２尾を三枚におろして半分にしたら、全体に薄く塩をして、薄力粉を茶こしを通して両面に振る。②フライパンにごま油大さじ１を熱し、サンマを皮側から両面さっと焼きつける。③皮を上にして水２分の１カップ、生姜のすりおろし大さじ１、酒大さじ２、みりん大さじ２を加えて、煮汁をかけながら、汁気がひたひた以下になるまで煮詰める。④味をみて醤油大さじ１と２分の１を加え煮絡める。⑤器に盛り、好みで粉山椒をあしらう。

甘味を引き出すコツがある

カボチャ

カボチャは老化防止作用のあるビタミンC、血行促進作用のあるビタミンE、腸内環境を整える食物繊維などがタップリ含まれている緑黄色野菜です。

含め煮（116ページ）は定番ともいえる料理ですが、カボチャ本来の自然な甘味を引き出す大きなポイントは、最初に砂糖をまぶすことです。砂糖には脱水作用があります。カボチャに砂糖をまぶすことによって水分が抜け、繊維が開くため、煮汁がすっと中に入るのです。

もちろん、大量に使うわけではありません。最初に大さじ1杯ほどの三温糖をカボチャにまぶすだけ。それで、びっくりするくらい優しい甘さに仕上がります。

味も早く染みます。いきなり濃い煮汁で煮たとしても、軟らかくなるころには煮崩れしてしまいます。砂糖より粒子の小さな調味料が素材の繊維の隙間を埋め、味が入りにくいからです。

調味料を最小限に抑えて、なおかつ素材のうま味を最大限に生かすためにも、砂糖の使い方が大切です。

さらに、深緑色をした皮のゴツゴツした部分を削ぎ、面取りをすることで、煮崩れしにくく、味が入りやすくなります。このひと手間が、出来上がりを左右します。

できれば土鍋を使うことをお勧めします。周りから火が入る通常の鍋に対し、土鍋は中心から入ります。そのため短時間で味が入るうえ、うま味を逃がさないのです。

もう一品は薄切りにして、ニンニクと豆板醤で炒め、ピリ辛に仕上げました（116ページ）。カボチャは生でも食べられますから火を通し過ぎないことです。

収穫後も熟成が進み、甘味が増す ビタミン、ミネラルも豊富

福岡 memo

私が研究の拠点としているニューヨークの街角のショーウインドーには、ジャック・オー・ランタンがたくさん並べられる。ジャック・オー・ランタンとは、カボチャをくりぬいて、三角の目鼻とギザギザの口をつけた魔よけの飾り物。ハロウィーンの名物である。

ハロウィーンはケルト文化を起源としていると考えられており、もともとは秋の収穫祭であった。つまり、秋がカボチャの旬だということ。春に種をまかれたカボチャは夏の光を浴びてぐんぐん成長し、実りの秋を迎える。

カボチャはなんといってもその色合いがいい。薄く扇形に切ると、深緑の皮と濃いだいだい色の果実の取り合わせが美しく、いかにもおいしそう（ただし、ジャック・オー・ランタン用には皮もだいだい色の大玉が好まれる）。緑は葉緑素、オレンジ色はカロテン。カロテンはニンジンやマスクメロン、そしてミカンのだいだい色と同じ色素。抗酸化作用があり、ビタミンAの原料にもなる。

そして、カボチャにはさわやかな甘味がある。甘味は果実に蓄えられた炭水化物が糖質に変化することによって生じる。これは熟成と呼ばれるプロセス。熟成は果実の内部に含まれる分解酵素によるもの。分解酵素の反応は純粋な化学反応である。これは生命活動が途絶えても自動的に起こるので、甘味の増加は収穫後でも進行する。今回のレシピのように、煮たり、炒められたカボチャの実を箸でほぐすと細く糸を引くように見えるのは食物繊維がたっぷり含まれているから。ビタミンCやE、ミネラルも豊富なので、優れた健康食品といえる。

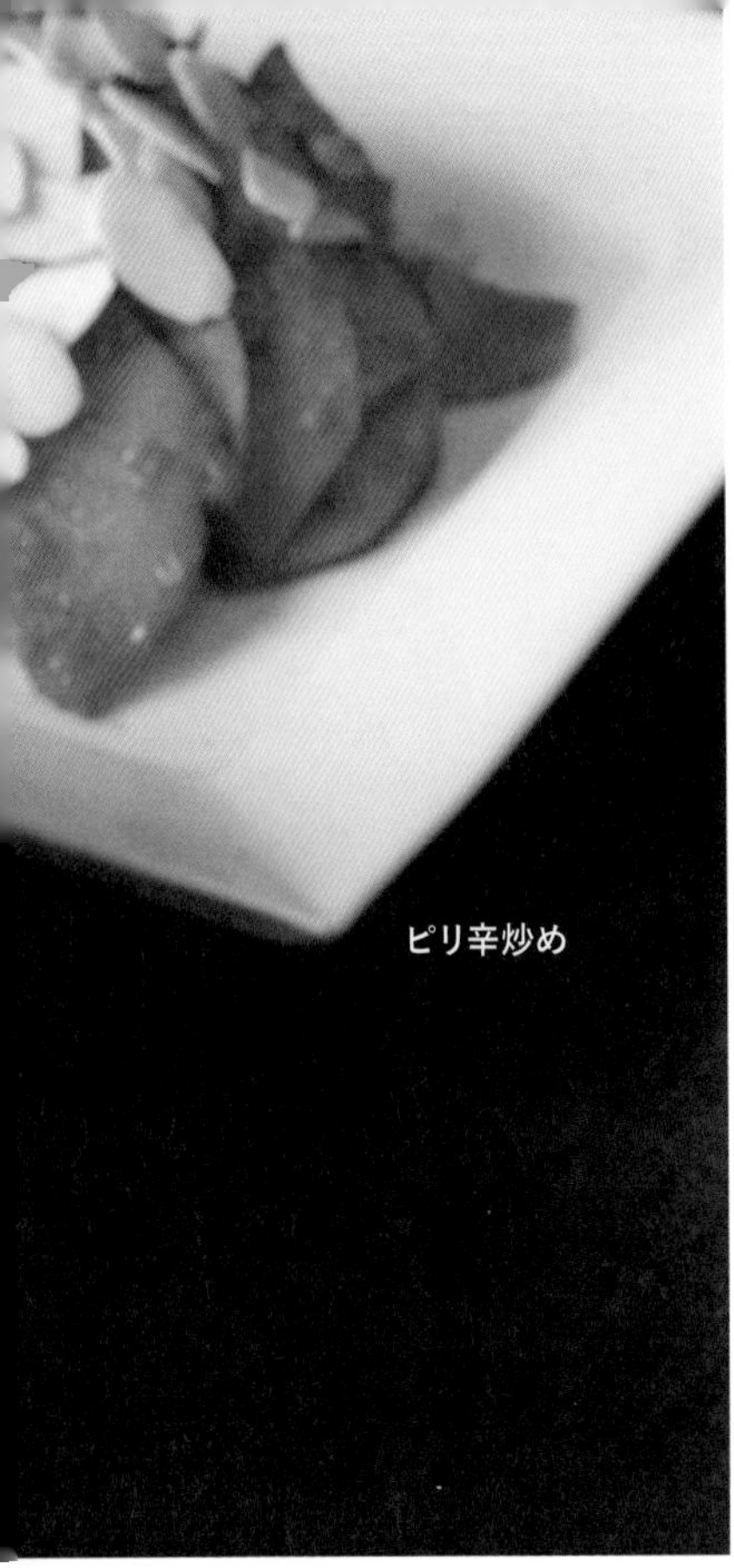

ピリ辛炒め

ついでに
もう一品

●ピリ辛炒め

①栗カボチャ300グラムの皮をむき、大きめの一口大、厚さ5ミリに切る。

②フライパンを弱火にかけてアーモンドスライス大さじ2を乾煎り、ペーパータオルにとっておく。

③同じフライパンにオリーブオイル大さじ1とニンニクのみじん切り小さじ2分の1を合わせ、中火で香味が立つまで炒める。

④豆板醤小さじ1、カボチャ、酒大さじ3を加えて炒め、煮汁がなくなったら味を見て、塩、白こしょうで調味。

⑤器に盛り、アーモンドをちらす。

煮ても、炒めても甘い

カボチャ

含め煮

三温糖の使い方にコツ

含め煮

《材料》

◎栗カボチャ（西洋カボチャ） 600グラム（約半個分）
◎三温糖　大さじ2
◎ダシ　4カップ
◎酒　大さじ3
◎薄口醤油　大さじ1と2分の1

《作り方》

①栗カボチャのタネを除き、横半分に切ってから大きめの乱切りにして、面取りをする。鍋に入れて三温糖（大さじ1）をまぶし、15分おく（写真）。
②水分が少し出てきてからダシと酒を加え、中火にかけて紙蓋をする。さらに鍋蓋をして5分煮たところでダシの味を見て、三温糖（大さじ1）を加える。
③さらに5分煮て火を切り、粗熱が飛ばす。再度加熱して味を見て、薄口醤油を加え火を切る。

生活習慣病予防に効果あり

スルメイカ

本場である青森県大間産のマグロは冬にかけてのある時期を境に、格段に味が良くなるといいます。

理由はエサがかわること。魚からイカを食べるようになるからだそうです。豊洲の仲買人さんから聞いた話です。

スルメイカにはうま味成分でもあるタウリンが、豊富に含まれています。タウリンは肝機能を高めるほか、心臓病や高血圧などさまざまな生活習慣病の改善作用があります。

ストレス軽減や免疫力向上に効果のある亜鉛も豊富です。高タンパク低脂肪で、なおかつ、栄養価も高い食材なのです。

ここでは、ワタ炒めと塩辛（120ページ）を作ります。

2品ともワタを使った料理ですから、なおさら鮮度の良いものを選びましょう。

目が澄んだ黒色で表皮の褐色が鮮明なもの、透明感があって触った瞬間に色が変化

「ワタ」にはアミノ酸がたっぷり！必須脂肪酸、ビタミンも豊富

福岡memo

スルメイカと聞くと、干物を思い浮かべる人もいるだろうが、それはいわゆる「するめ」のことで、干物になる前のイカがスルメイカ。またの名を真イカ。日本近海でとれるもっとも一般的なイカであり（このイカ漁をめぐって経済水域上で紛争になる）、寿司ネタとしても使われる。

イカの胴体の内部には薄い板状の「骨」があるが、イカは軟体動物なので、実はこれは「骨」ではない。これは、イカがかつて貝の一種として保持していた貝殻が進化の過程で退化した名残である。

なぜイカが貝殻を捨てたかといえば、貝殻は重く、また維持にコストがかかるから（それだけカルシウム分を摂取しなければならない）。自由と引き換えに貝殻をやめたのだ。つまり、生物の進化上は持ち家VS賃貸、どっちがいいか論争はとうに決着がついているのだ。

さて、次ページのレシピにもある「ワタ」はイカの肝臓部分。なので、アミノ酸をたっぷりと含み、イカ特有のうま味と香りに富む。

また、イカは進化上、魚の前身でもあるので、魚同様、DHAやEPAといった必須脂肪酸やビタミン類も豊富。胃にもたれるとされることもあるが、それは俗説で、本来は魚と同じで消化されやすい。イカはたくさんとれ、安くて栄養豊富、骨もなく調理も簡単なので、古来、日本の食を支えてきた大変優れた食材なのである。

するようなものであれば新鮮です。全体的に白っぽいものは避けたほうがいいでしょう。

ワタ炒めはイカの持つ本来のうま味を引き立てるためにニンニクとナンプラー（魚醤）を使います。イカのワタそのものでも十分おいしいのですが、小魚を塩蔵して発酵させたナンプラーを加えることで、より味に深みが出ます。

火を通さない塩辛はシンプルに塩、酒、鷹の爪だけを使います。

生の身とワタそのもののおいしさを味わっていただきたいからです。できればワタをこすこと。このひと手間で食感は滑らかになりますし、味もよく絡みます。

1杯まるごと楽しむ

ワタ炒め

《材料》

◎スルメイカ　1杯

◎ニンニク　薄切り小さじ1

◎鷹の爪　小口切り小さじ3分の1

◎オリーブオイル　大さじ1

◎酒　大さじ2

◎ナンプラー　大さじ1

◎白胡椒　少々

◎春菊　2分の1束

《作り方》

①春菊の葉と軸をちぎり分け、葉はひと口大、軸は斜め薄切りに。ペーパータオルで包み、冷蔵庫で乾燥させ、パリッとさせておく。

②スルメイカは胴体から内臓、足、軟骨を引き抜き、胴体の中の残った内臓を取り除く。

③胴体は筒切りにし、切り離したワタは2センチ大に切る。足は吸盤の殻を洗い流し、目とくちばしを切り離す。足を2本ずつに切り分けたら、長さ4センチに切る。

身もワタもおいしい

スルメイカ

ついでにもう一品

●塩辛

①生食用のスルメイカ1杯をさばいて、ワタの一部を切り、中身をボウルに搾ったら、裏ごしする。②酒大さじ2、塩小さじ2分の1、鷹の爪小口切り小さじ3分の1を加えて混ぜる。③胴体から耳を外し、足とともに皮をむき、胴体と耳は長さ2センチの細切り、足は1センチの小口切りに。④ワタと合わせたら冷蔵庫でひと晩寝かせ、味をととのえる。

塩辛
ワタ炒め

ビタミンD、ビタミンB_2が豊富

シメジ

秋が旬のシメジには大きく分けて、ホンシメジとブナシメジがありますが、味が濃いのはホンシメジのほうです。シメジは冷凍保存も可能です。

栄養も豊富です。カルシウムの吸収を助けるビタミンD、疲労回復に役立つビタミンB_2、胃腸を整える食物繊維などが豊富に含まれています。

今回はシメジの炊き込みご飯を作ります。ご飯と一緒に炊き込む食材のうま味を十分に引き出す、濃厚なうま味を加えることによって、塩分は補えます。

つまり塩気は少なくても、おいしくいただけるのです。

ここでは、シメジを最初に干しエビと炒めて水分を飛ばし、うま味を濃縮します。干しエビもシメジ同様、良いダシが出ますから、調味料もわずかな量しか使いません。お米と炊き込む前のこのひと手間によって、塩気は薄くても、味がしっかり入った炊き込みご飯ができあがります。

調味料はちょっぴり
炊き込みご飯

《材料》

◎シメジ　2パック（石づきを除いてほぐす。大きいものは半分に割く）
◎干しエビ　大さじ2（5ミリ大に切る）
◎米　2カップ（といで10分浸水、15分水切り）
◎ごま油　大さじ1
◎ショウガみじん切り　大さじ1
◎ダシ汁　1と2分の1カップ
◎塩　小さじ1
◎酒　4分の1カップ
◎薄口醤油　大さじ1と2分の1

《作り方》

①中華鍋にごま油とニンニクを入れ、中火より強めの火で香味の立つまで炒める。生キクラゲ、トマトを入れて炒め、三温糖を加える。
②材料に照りが出てきたら、卵を流し入れ、玉じゃくしを大きく使って合わせる。卵が半熟の状態で火を切り、塩、白コショウで調味。余熱で仕上げる。

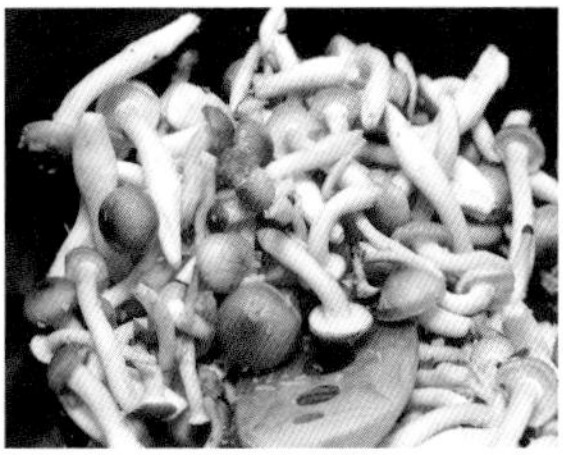

福岡 memo

「分解者」として自然を守る存在

キノコは、植物ではない。もちろん動物でもない。菌類という第三の生物。独自の進化を遂げた。動けないけど、光合成もできない。他者に寄生するしかない。しかし、ただ乗りしているわけではなく、自然界の「分解者」として重要な役割を果たす。とくに他の生物が分解できない木質（リグニン）が分解できる。なので樹木が自然に戻るのに役立つ。
「旬は秋」の生物学的理由がある。ふだんはキノコは菌糸を伸ばして落ち葉の下や木の裏に隠れている。気温が下がり、昼夜の気温差が大きくなると、これを察知し傘（子実体）を作る。

つまりヒト以外の生物にとって情報とはインターネットのことではなく、情報の「変化」のほうが情報なのだ。胞子は、動物の精子や卵子と同じくn体。胞子を拡散して、ニッチ（隙間）を広げる。胞子は耐熱性、耐乾燥性にすぐれて生き延びる。自然界でパートナー胞子と出あってn＋n体となり、キノコ（子実体）となる。遺伝子の混合。この点は動物や植物と同じ有性生殖なのである。

4 冬の旬を味わう

寒い季節においしくなる食材で、身も心もあたたかく

冬の食卓に欠かせない

ブリ

「ブリ起こし」という言葉があります。12月から1月にかけて北陸の日本海側で発生する雷のことで、土地の人たちは「ブリ起こし」が鳴ると、寒ブリのシーズンがやってきたと実感するそうです。

ブリには魚の脂肪に多く含まれるオメガ3の中でもDHA（ドコサヘキサエン酸）やEPA（エイコサペンタエン酸）が豊富です。DHAやEPAには老化防止作用があり、DHAは主に脳や目、EPAは血管や血液を老けさせません。

なかでも冬のブリには脂がのっていますから、それだけオメガ3が豊富です。ここでは、ブリ料理の定番ともいえるブリ大根と照り焼きのレシピを紹介します（126

ページ）。

ブリ大根のポイントは最初にブリの両面を焼くこと。こうすることで魚臭さがなくなるうえ、煮崩れを防ぎ、なおかつブリの持つうま味を封じ込められるからです。

このひと手間が、出来上がりを大きく左右します。塩分を控え、素材本来のうま味を味わうことは、この本の大きなテーマでもあります。

煮物は味の入ったものを温め直すことによってより味がしみ、おいしく召し上がれます。ブリ大根もしかりです。

照り焼きは焼くときも盛り付けるときも腹側を右にします。魚の切り身の盛り付けは背側を左にするという決まりごとがあるうえ、上下を返す手間を最小限に抑えて焼き崩れを防ぎたいからです。

福岡memo

「畜養」の主役！「養殖モノ」への意識を変えよう

脂がたっぷりのったブリと味のしみた大根。これと白いご飯があれば至福のひととき。日本の食文化の粋ともいえる。

魚ヘンに師とかいて鰤と読ませるが、これは一説には、師走の頃、脂がのって旬を迎える魚だから、といわれている。

脂がのるのは、このあとの産卵期に備えて、たくさん餌を食べて太るため。いわゆるぷりぷりの寒ブリである。ちなみにブリの卵は鰤子と呼ばれ、これも美味である。ブリの親戚としてヒラマサ、カンパチなどがあるが、ブリが断然、脂がのっている。

ブリは成長とともに名前が変わる出世魚。そのため縁起物としても重宝される食材。関東地方ではモジャコ→ワカシ→イナダ→ワラサ→ブリとなる。

ブリは近年では蓄養で生産される割合が大きい。沖合の外洋に筏を係留していけすを張り、この中で２年から３年養殖される。外洋の速い流れにさらされるため、魚の運動量が増え、身がよく引き締まる。また、沿岸で起こりやすい赤潮の被害から免れ、餌（これは栄養素のバランスが整ったペレット飼料が与えられる）の残留や寄生虫も減り、良質なブリが生産できるようになった。蓄養は、水産資源の持続的な管理の面でも重要な方法であり、私たち消費者も「養殖モノ」に対する意識を変える必要がある。

簡単照り焼き

ついでに
もう一品

●簡単照り焼き

①ブリ腹側2切れを酒、みりん各大さじ2、しょうゆ大さじ3に15分漬ける。
②ごま油大さじ1を中火で熱したフライパンに、ブリの腹側が右になるよう盛り付ける面から中火の弱で蓋をして焼く。
③上下を返したら、背側が左になるように盛り付ける。

定番のレシピで味わう

ブリ

《作り方》
①厚手の鍋にごま油を引き、中火で熱し、ブリの両面を焼き（写真右）、取り出す。大根の全体をさっと焼いたらブリを戻し、生姜の薄切り、三温糖を加えさっと混ぜる。
②水を加えて煮立てたらアクをすくい、酒を加えて蓋をし、弱火で15分煮る。いったん火を切り、蓋をしたまま室温になるまで置くと、味が中まで入る。
③再度温め、味をみてしょうゆを加え、さっと沸かしたら盛り付け、針生姜を添える。

鉄板の相性
ブリ大根

《材料》
◎ブリかま　１切れ分を３つに切る
◎ブリ切り身　１切れを３つに切る
◎ごま油　大さじ１
◎大根　10センチを大きめの乱切り
◎生姜薄切り　10枚
◎三温糖　大さじ２
◎水　２カップ
◎酒　２分の１カップ
◎しょうゆ　大さじ２
◎生姜千切り　大さじ１（水にさらし、水を切ったもの。これが針生姜）

カリウム、カルシウム、鉄分に注目

チンゲン菜

緑色が鮮やかなチンゲン菜は見た目が美しいだけでなく、栄養も豊富です。

抗酸化作用のあるビタミンCやβカロテンに加え、高血圧予防のカリウム、骨粗しょう症予防のカルシウム、免疫力アップのビタミンE、貧血防止効果のある鉄分などが含まれています。

シャキシャキとした歯応えが特徴の食材ですから、今回はそれを生かした2品をご紹介します（130ページ）。豚バラ肉との酒小鍋仕立てと、だし浸しで、ポイントになるのはチンゲン菜の切り方です。

小鍋仕立てのほうは軸の部分を繊維に沿って切ります。シャキシャキとした食感を味わっていただきたいからです。葉と軸では食感が違ううえ、加えた長ネギもアクセントになり、食感の違いを楽しめます。

だしは、あえて使いません。必要がないからです。加える調味料は酒と塩とナンプラーだけ。お好みでポン酢や辛味の薬味な

日本上陸は1972年の新参野菜 生産者の意外な苦労とは？

福岡memo

　チンゲン菜は、白菜の仲間。中国の華中・華南地方原産。いまでは中華料理の一般的な食材だが、私の少年時代にはあまり聞かなかった名前だなあ、と思って調べてみると、日本に入ってきたのは日中国交樹立(1972年)後とのこと。「チンゲンサイ」は「青梗菜」の中国語読み「チンゴンツァイ」に由来し、「青梗」とは「茎が緑色」という意味で、茎が白い「パクチョイ」と区別しているそうだ。

　炒めたりスープに入れたりしてもシャキシャキした軽快な食感が失われないので、さまざまな料理に多用される。これはチンゲン菜のセルロース繊維の網目が分厚く、しっかりしているからだ。二日酔いや胃もたれがあるときの健胃食としても好まれる。露地ものの旬は秋からだが、ビニール栽培によって一年中市場に出回っている。

　実は、チンゲン菜や白菜の類いはみなアブラナ科の野菜で、生物学的にはたいへんな“浮気”植物として知られている。というのも、ちょっと種が違っていてもすぐに花粉と雌しべが反応し、新しい野菜ができてしまうのだ。これは多様性を求める進化のことわりから見れば合理的なのだが、野菜農家にとっては困りものなので、彼らはかなり気を使っている。以前、私が取材した例では、地元産の品種を守るため、隔離された島で栽培が行われていた。とはいえ、チンゲン菜を食べたからといって浮気性になるわけではないのでご安心を。

どを加えてもいいでしょう。鍋の汁と具材だけでも十分おいしくいただけます。

残った汁と冷やご飯を使った雑炊もおすすめです。

軸を繊維に沿って切る小鍋仕立てに対して、だし浸しは繊維を斜めに切ります。そのほうがだしを吸うからです。

エノキからもいいだしが出ますし、こちらもチンゲン菜とエノキの異なる食感を楽しめます。

野菜は持ち味、味の絡み方、熱の通し方、盛り付け時の見栄えなどによって切り方が異なりますし、できれば長さを切り揃えること。そのほうが火の通り方が均一になりますし、見た目もきれいです。

ついでに
もう一品

●だし浸し

①だし1カップを煮立てたら、酒大さじ2、塩小さじ4分の1、薄口醤油大さじ1を順に加えて煮溶かし、室温におく。
②沸騰した湯に塩を加えチンゲン菜1束（軸下を切りバラす）と、エノキダケ1パック（石づきを除いてバラす）をおのおの茹でる。
③チンゲン菜は冷水に取って水気を絞り、一口大に切る（軸は繊維を斜めに）。
④エノキダケは平ザルなどに取り置いて水分を切る。
⑤だし汁とチンゲン菜、エノキダケを合わせる(写真)。

切り方を工夫して変化を！

チンゲン菜

《作り方》
①土鍋に酒と水を煮立てて、ナンプラーと塩で味を調える。豚バラ肉をさっと煮て脂をすくう。
②卓上のカセットコンロに土鍋をかけ、チンゲン菜と長ネギを好みの火の通り加減に煮たら、汁と一緒にいただく。
③ポン酢、柚子コショウや粗びきの黒コショウなどの薬味も合う。

シンプルでおいしい

豚バラ肉との酒小鍋仕立て

《材料》

◎チンゲン菜　４束を軸と葉に切り分け、軸は繊維に沿って切る

◎豚バラ肉　薄切り 300 グラム（半分の長さに切る）

◎長ネギ　１本分の芯を除き斜め薄切り

◎酒　　１カップ

◎水　　３カップ

◎ナンプラー　　大さじ２～３

◎塩　　小さじ１◎ポン酢や辛味の薬味適宜

生でも、煮ても、焼いてもおいしい

大根

消化を助け、胃腸を整える酵素が含まれているため、食べすぎや胃もたれにお勧めなのは大根おろしです。大根には抗酸化作用のあるビタミンCが豊富です。なかでも皮や、緑黄色野菜である葉に多く含まれています。旬の冬には味が良く、栄養も豊富なのです。

ビタミンを効果的に吸収しようと思ったら、生で皮や葉もいただくことですが、今回は過熱して食感の違いを楽しんでいただきます。

グラタンは最初にフライパンで焼いたものをさらにオーブンで焼くため、しっとりとした食感になります。

大根は生でおろし、刺し身のつま、酢の物、過熱しておでん、漬物などさまざまな用途があるうえ、葉や皮も含めて捨てるところがない代表的な野菜です。

独特の風味が生きる
ベーコンとのグラタン

《材料》
◎バター　大さじ１
◎ベーコン　100 グラム（暑さ７ミリのひと口大）
◎大根　７センチ（皮をむいて厚さ７ミリのいちょう切り）
◎サワークリーム　２分の１カップ
◎白ワイン　大さじ４
◎にんにくのすりおろし　小さじ４分の１
◎卵黄　1
◎塩、白こしょう　少々
◎ナチュラルチーズ　50 グラム

《作り方》
①フライパンにバターを溶かす。
②ベーコンを脂を出しながらゆっくり炒めたら大根を加え、大根に脂を絡めるようにさっと炒める（写真）。
③オーブンウエアにベーコンと大根を広げたら、サワークリーム、白ワイン、にんにく、卵黄、塩、白こしょうを合わせたものをのせ、上にナチュラルチーズを広げる。
④ 200 度のオーブンで 10 分、焼き色が付くまで焼く。

福岡memo

首部分と尻尾部分で甘みも辛みも楽しめる

俗に青首大根といわれるように、大根は首（葉っぱに近いほう）がほんのり青く（緑色）、尻尾にいくと真っ白になる。その名の通り植物における根だが（大根はアブラナ科）、植物の細胞は基本的にどの部位の細胞でも多分化能を保持している。なので根っこの細胞であっても光が当たれば、光合成能力を発揮して葉っぱの機能を果たせる。したがって、地上に近い首の部分はクロロフィル（光合成を行う緑色の色素）を持つ。光合成を行うと糖ができるため、大根は首の部分のほうが甘い。そして尻尾のほうにいくと、甘味が減り、辛味が増す。

大根の辛み成分はアリルイソチオシアネートという物質で、からしやマスタードとおなじ成分。

大根の 95％は実は水分のため、超低カロリー食材。おいしいダシでじっくり煮込めば、味がしっかり染みたふろふき大根の出来上がり。

大根には特有のさわやかな苦味がある。これは主としてポリフェノールの作用。多くの子供は苦味をいやがるが、大人はこれがおいしくなる。

代表的な「京野菜」

水菜

江戸時代から京都で栽培されていた京野菜のひとつである水菜は寒い時季を乗り切るための野菜として重宝されてきました。

整腸作用のある食物繊維はもちろん、抗酸化作用のあるビタミンCやβカロテン、塩分の取り過ぎを調整するカリウムなどが豊富なのです。

ここでは豚バラ肉との焼きうどんのレシピをご紹介します。

ポイントは水菜を含めた野菜の切り方です。水菜はもちろん、焼きうどんに入れるピーマンも長さを揃えて切ることです。特にピーマンは天地を落として縦半分に。白い筋も丁寧に切り取り、長方形にしてから細切りにします。そうすることで均一に切り揃えられるのです。

野菜の長さを切り揃えることは、口に入れたときの食感が良くなる上、味がなじみやすくなる利点もあります。結果として調味料は最小限ですむので、塩分を抑えられ、素材そのもののおいしさを味わえるのです。

水菜の食感を楽しむ
豚バラ肉との焼きうどん

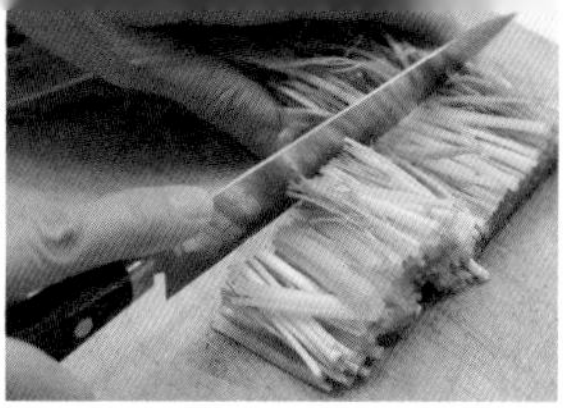

《材料》
◎水菜　４分の１束（軸下を除き、長さ４センチに切り揃える＝写真）
◎ゴマ油　大さじ１
◎ニンニク（千切り）　小さじ１
◎豚バラ肉　薄切り200グラムを３センチ大に
◎ネギ　４分の１本（縦半分に切り、芯を除いて斜め薄切り）
◎茹でうどん　２玉
◎酒　大さじ2、大さじ1
◎ナンプラー　大さじ１
◎白胡椒　少々
◎ピーマン　１個(天地を落として縦半分に。芯、種、ワタを除き、縦に５ミリ幅で切る)

《作り方》
①中華鍋にゴマ油とニンニクを合わせて、中火で香味が出るまで炒める。②豚バラ肉とネギを入れ、合わせておいた茹でうどんと酒（大さじ2）を加えて炒める。③ナンプラー、酒（大さじ1)、白胡椒を加え、味を調える。ピーマンを入れ、さっと炒めて火を切り、水菜を合わせる。

香気成分が食欲を刺激！消臭作用もある

福岡memo

30年ほど前。私は米国で単身、研究修業をしていた。精神的にも経済的にも余裕がなく、食べ物もありつけさえすればよく、大学のカフェテリアでピザやハンバーガーばかり食べていた。

栄養が偏るのを避けるため、できるだけ野菜も食べようと心がけていたのだが、サラダバーにある野菜は文字どおりの生野菜。ぶつ切りにしたニンジンやセロリ、ブロッコリーがごろごろ置いてあるだけ。味気ないことこのうえなかった。日本の食卓のように家族で熱々のお鍋を囲み、そこにさっと水菜を入れて、シャキシャキの食感をポン酢で味わいたいと心から願った。

水菜は、江戸時代、田んぼのあぜ道に沿った水路の清流で育てられたからその名があるという。ギザギザの葉っぱの歯応えとツンとした芳香が特徴だが、それは水菜がアブラナやカラシナの親戚だから。ビタミンA、C、カルシウムを豊富に含み、香気成分のアリルイソチオシアネートは食欲刺激、唾液分泌促進作用があり、消臭作用や殺菌作用も併せ持つ（なので、鍋物の格好の友となる）。

冬の味覚の王様

牡蠣（カキ）

牡蠣が「海のミルク」と呼ばれるのは身が乳白色であることに加え、牛乳のように栄養が豊富だからです。

心臓病や高血圧症など多くの生活習慣病の改善作用のあるタウリン、老化防止作用のある亜鉛に加え、貧血防止効果のある鉄、動脈硬化や認知症予防に効果のあるビタミンB_{12}などがタップリ含まれています。

旬の牡蠣は身がプリプリと太って、それだけ栄養も豊富です。牡蠣には生食用と加熱用がありますが、私は加熱用の方が味が良いように思います。

ここでは旬の牡蠣を、ネギとの土鍋焼きとオイル漬けを紹介します。（138ページ）

塩は、あくまでも汚れを落とすため。土鍋焼きのほうは香りづけに醤油とバターを少量加えるだけ。オイル漬けのほうは塩気を加えません。塩気は牡蠣自体に含まれているもので十分です。牡蠣そのもののうま味を味わいましょう。

オイル漬けは、炊きたてのご飯とまぜれば「牡蠣ご飯」としていただけます。牡蠣を漬けたオリーブオイルは、パスタに利用できます。密閉容器に牡蠣が完全に隠れるまでオイルを注ぎ、冷蔵庫に入れておけば1週間は保存できます。旬の時期に作り置きをするのもよいですし、使い勝手がいい料理です。

福岡memo

プリッとした部位は肝臓
うま味成分たっぷり

私は、ニューヨークのロックフェラー大学で客員教授をしているので、しばしばニューヨークに行くのだが、その際の楽しみは牡蠣を食べること。有名なのはグランドセントラル駅にあるオイスターバーだが、街場の小ぶりなレストランでも、いつでも食べられる。

日本では、牡蠣の旬は秋から冬で、Rのつかない月（May～Aug）は食用に適さない、といわれているが、米国ではこの話を聞いたことがない。米国人の知人に話すと怪訝な顔をされる。これは日本で主に食べられるマガキの産卵期が夏の時期にあたり、このとき貝の卵巣と精巣が肥大して身がやせてしまうからだろう。しかし最近は品種が増え、この時期にもおいしく食べられるものも多い。実際、米国では、kumamoto、umami、shibumiといった日本名のついた小ぶりな牡蠣が好まれている。

牡蠣の身のいちばんプリッとした部位は肝臓である。肉でもレバーには独特の風味があるように、牡蠣の肝臓にもグリコーゲン（糖質）、アミノ酸、鉄分などのうま味成分が豊富に含まれ、複雑なおいしさを形づくっている。レモンやラディッシュなどの薬味を少々のせて、白ワインを合わせると最高である。牡蠣の生食で怖いのは「あたる」ことだが、これは海水や餌に由来する大腸菌やノロウイルスのせい。生産者も衛生管理を徹底し、また出荷前には清浄な水に置くことで、極力感染を防ぐ努力をしている。

どうしても心配な人は、カキフライや焼いたものを召し上がれ。これはこれで十分魅力的。煮ても焼いてもおいしいのが牡蠣である。もちろん栄養価も満点だ。

素材の味を生かす
ネギとの土鍋焼き

《材料》
◎加熱用の牡蠣　5〜6個
◎粗塩　小さじ1
◎酒　大さじ3
◎ネギ　2分の1束を斜めに1センチ幅で切る
◎コショウ　少々
◎バター　大さじ1
◎醤油　小さじ1

《作り方》
①ボウルに入れた牡蠣を粗塩とよく合わせ、汚れを粗塩に移す。
②冷水を入れ、ふり洗いをして汚れを落とす。平ザルに取り、水気を切り、酒と合わせる。
③小さめの土鍋、またはアルミホイルなどに、まずネギを敷き、牡蠣を並べる。
④蓋をしてオーブンで220度、または魚焼きグリルに入れて10分ほど焼き、コショウ、バター、醤油を上にのせていただく。

ミルキーな風味がたまらない
牡蠣

ついでに
もう一品

●オイル漬け

①加熱用の牡蠣10個（適宜）を粗塩で洗い、牡蠣がひたひたになるように酒を加え30分置く。
②しっかり加熱したフライパンに牡蠣を1個ずつ入れ、内臓が膨らんだら上下を返し熱を通す（写真）。
③保存瓶に入れ、オリーブオイルを牡蠣が漬かるぐらいに張る。このとき鷹の爪とニンニクを加えるとよい。

5

「完全食」で健康を保つ

「これだけ」でたくさんの栄養素を摂取

手軽でも超スグレもの食材

鶏卵

卵は食物繊維とビタミンC以外のあらゆる栄養素を含む完璧な食材です。ひよこが一羽育つわけですから、栄養学的に、いかに優れているかが分かります。抗炎症作用のあるオメガ3脂肪酸や記憶力アップにつながるコリンなども含まれています。

体内でつくられない必須アミノ酸を豊富に、しかもバランス良く含んでいるため、非常に良質なタンパク源といえます（タンパク質は1個当たり7グラム）。

コレステロールが含まれているため「1日1個まで」といわれたこともありますが、厚労省の「日本人の食事摂取基準（2015年版）」は摂取量に関して「目標量を算定するのに十分な科学的根拠が得られなかっ

福岡 memo

卵白はタンパク質のかたまり、卵黄は脂肪のかたまり

卵は完全食。生命の誕生に必要な栄養素（アミノ酸、脂質、糖質、ビタミン、ミネラルなど）がすべて十分に含まれている。タンパク質の良し悪しを示すアミノ酸スコアは満点。卵白はタンパク質のかたまりで、卵黄は油脂のかたまり。どちらも生命発生のためのエネルギー源かつ資材源。鶏にとっては災難だが、人にとってこれほど有用で安価な食材もない。

卵黄の構造は実はとても複雑。内部は、タンパク質の網目構造と脂質が交互に重なったミルフィーユ構造からなっている。黄身のコクは、大量に含まれるレシチンという油脂の舌触りによる。レシチンは、鶏にとっては細胞膜の材料となるが、食べる側の人間にとっては、コレステロール低下作用がある。

卵黄の色は餌に含まれるカロテノイド（植物由来の黄色色素）がどれくらい移行したかによる。トウモロコシ、オレンジの皮などをたくさん与えると濃い黄色になる。少ないと白っぽくなる。

ふわふわトロトロの絶品オムレツを作るには、ちょっとした食品の科学がいる。卵白をかき混ぜるとき、いかに空気を取り込むかがふわふわ感を決める。そして白身が固まる温度（60度台）と、黄身が固まる温度（70度台）の中間で微妙に火を止めるとトロトロの出来上がり。

た」としています。

卵を食べることで摂取するコレステロールの量が、そのまま血中のコレステロール値に反映されるわけではないからです。

しかし、卵自体の味が薄いからといって、必要以上に塩分を加えるのは賢明ではありません。重要なのはあくまでも素材の味を生かすこと。味が薄いからこそ逆に塩分を控え、卵本来のうま味を味わうべきです。

次ページで紹介するレシピで、卵サンドの塩分はパンに塗ったマヨネーズだけ。パンに挟むふわふわのオムレツに塩気は足しません。茹で卵にひびを入れて、醤油に漬け込む大理石卵にしても、味が入るのは主にひびの入った部分です。

固ゆでにする場合はともかく、卵は火を通すというより、余熱で調理する感覚が大切です。オムレツも余熱で調理するからこそ、ふわふわに仕上がるのです。

ついでに
もう一品

●大理石卵

①醤油４分の１カップ、酒大さじ２、みりん大さじ１を煮立てる。

②別の鍋に水、卵４個、塩を加えて室温で10分おいてから中火にかける。

③ふつふつとしてきたら、卵黄が真ん中に位置するように箸で鍋中を軽く30秒ほど混ぜて水流をつくる。

④15分茹でたら水に取り、殻全体にひびを入れ、煮立てた醤油液に漬け、冷蔵庫でひと晩おく。

パーフェクト食材の王様

鶏卵

温度の調節がポイント
ふわふわ卵サンド

《材料》

◎卵　4個

◎バター　大さじ1

◎サンドイッチパン　6枚

◎マヨネーズ　適宜

《作り方》

①パンにマヨネーズを薄くぬる。

②ボウルに卵を割り、カラザを除き、白身を切りながら空気を入れるようにとく。

③フライパンを中火で熱し、濡れた台拭きなどの上に乗せて鍋底の温度を均等にしてから中火の弱の火にかけ、バターを加えて溶かす。箸先の卵液でフライパンの温度が上がっていることを確かめたら、卵液を流し入れる。

④ひと呼吸おいてから箸で大きくゆっくり混ぜ、半熟の状態で火を切り、余熱で仕上げる（写真）。パンの上に広げ、サンドイッチに仕立てたら耳を落とし、半分の大きさに切る。

3大栄養素を簡単に摂取できる

牛乳

生命維持に欠かせない3大栄養素のタンパク質、脂質、炭水化物だけでなく、日本人に不足しがちなカルシウム、さらにビタミンなどを豊富に含んでいるのが牛乳です。

血糖値を下げるインスリンの働きを助け、血圧を下げる作用も。カルシウムやマグネシウムには認知症予防効果があるといわれています。

牛乳も含めた日本人の乳製品摂取量は欧米人の約10分の1というデータもあるだけに、意識して取るように心掛けたいものです。

ここでは豚ヒレ肉を使ったミルク煮のレシピを紹介します（146ページ）。

肉を牛乳で煮込んで軟らかくし、煮汁はさらに煮詰めてソースとして使います。完全食ともいえる牛乳の豊富な栄養分を余すところなくいただくのは、フランスの家庭料理の知恵です。

牛乳も豚肉も動脈硬化や認知症の予防に効果のあるビタミンB_{12}が豊富ですから、相乗効果が期待できるうえ、訪問客のおもてなし料理としても最適です。

もう一品は牛乳を使ったリゾットです。使うのは冷蔵庫にある冷やご飯。お茶漬けも結構ですが、牛乳で煮込んでチーズを加えることによって洋風に仕上げてみてはいかがでしょうか。塩分はナチュラルチーズとパルメザンチーズによるものだけ。それでも十分、おいしくいただけます。

生存のためのエネルギーのすべてが備わっている

福岡memo

肉にせよ、卵にせよ、野菜にせよ、魚にせよ、食材とはいずれも他の生物の生命の一部もしくは全部を収奪してしまう行為であり、食べることは生きることであると同時に、他の生物を殺生することでもある。私たちはこの事実に対していつも謙虚であるべきで、地球環境に対して常に敬意を払わなければならない。

この食の掟の中にあって、ただひとつだけの例外ともいえるものが「乳」である。乳は唯一、食べられることを目的としてつくられた生体物質であり、また再生産が可能な物質でもある。ヒトを含め哺乳動物の赤ちゃんは乳だけを栄養源として発育するから、乳には生存のために必要なエネルギーと栄養素が十全に含まれている。

この意味で乳は完全食といえる。昔、私が受けた生物学の試験で、乳の主要な成分を記せ、というものがあった。乳には、タンパク質、炭水化物（乳糖）、脂質の３大栄養素がおよそ3%ずつバランスよく含まれている。しかもミセルという微粒子として分散しているので（だから白濁している）スムーズで飲みやすい。消化も良い。初期の乳には赤ちゃんに必要な免疫物質も含まれている。

さて、牛乳についていえば、それは本来、子牛のためのもので、人間がかすめ取っているという点では収奪していることに変わりはない。人間が牛乳をいただく代わりに、安価な代替飼料である肉骨粉（他の動物の死骸から作られた餌）が与えられたことによって英国で狂牛病が大発生した。ヒツジの伝染病が餌を通じて乳牛に感染したもので、草食動物である牛を、強制的に肉食動物に変えるという蛮行がもたらした人災だった（現在は禁止）。

効率のために自然のサイクル（この場合は食物連鎖）に安易に介入すると、大いなるリベンジを受けることになるという教訓がここにはある。心して食材をいただかなくてはなるまい。

リゾット

ついでに
もう一品

●リゾット

①小さな土鍋に半膳分の冷やご飯をほぐして入れて、牛乳を加えて中火の弱でまぜる。
②牛乳が沸いてきたら、ナチュラルチーズ４分の１カップを加える。
③弱火でまぜながら水分がひたひたになったら、好みの具合で火を切って味見。
④パルメザンチーズと白胡椒で味を調える。

調味料としても優秀

牛乳

軟らかさに感激

豚ヒレ肉のミルク煮

《材料》

◎豚ヒレ肉　300 グラムを 2 センチ幅に切り、平手で潰して形を整える

◎塩、白胡椒　少々

◎薄力粉　適宜

◎バター　　大さじ 1 と 2 分の 1

◎牛乳　1 と 2 分の 1 カップ

◎ローズマリー　2 茎

◎ニンニク　1 かけの芽をのぞいて潰す

《作り方》

①豚ヒレ肉に塩、白胡椒をして、薄力粉を茶こしなどを通して薄くふる。

②厚手の鍋にバターを溶かし、中火でヒレ肉の両面に焼き色をつける。

③牛乳、ローズマリー、ニンニクを加えて煮立てたら､弱火にして約 20 分煮込む(写真)。煮汁がひたひたになったらヒレ肉を取り出す。

④煮汁を混ぜながら煮詰め、塩、白胡椒で味を調え、肉にソースとしてかける。

和風、洋風のどちらにも合う

しらす

しらすはカタクチイワシ、マイワシ、ウルメイワシなどの稚魚の総称です。含まれる水分が多いものから順に、釜揚げしらす、しらす干し、ちりめんじゃこと呼び名が異なります。

大根おろしと和えたものや、山椒と炒め煮にしたちりめん山椒など、和食として利用されるケースが多いですが、洋食としてもおいしくいただけます。

ここでは、ローラーでつぶしたパンの上に、マヨネーズと卵黄と和えたしらす干しをのせて焼いたトーストと、パルメザンチーズと薄力粉を合わせてフライパンで薄く焼き上げたガレットのレシピを紹介します（150ページ）。ガレットはフランスの郷土料理で、丸く薄いものを意味します。

どちらも、シャレたおつまみとしていただけますので、お客様を招いたときのオードブルなどに便利です。

和風のしらす干しを使って洋風のちょっとした一品に仕立てる調理法を覚えておくことで、料理の引き出しは増えますし、食生活も豊かになります。

しらすは歯や骨の形成に不可欠なカルシウムやビタミンDが豊富で、カルシウムは牛乳の2倍も含まれています。良質なタンパク質に加え、動脈硬化や認知症予防に効果があるビタミンB_{12}も豊富です。小なりとも魚の骨や内臓も含めて丸ごと食べられるわけですから、栄養価は申し分ありません。

稚魚を塩茹でしているため、トーストもガレットも余計な塩分は加えません。トーストはマヨネーズ、ガレットはパルメザンチーズに含まれるものだけで十分です。しらすは水分が多く劣化しやすいため、冷凍保存がお勧めです。

福岡 memo

たとえ小さくとも 1匹丸ごとの栄養素を摂取できる

海辺の鳥を見ていると、大きな魚をくわえたくちばしを天に向けてそのまま喉に丸のみしていることがある。このあと胃の中でゆっくり消化するわけだが、味覚を楽しむ暇もないのは文字通り、ちょっと味気ない。

とはいえ、生命体を頭から尾まで一匹全部丸ごと一挙に摂取できるわけだから、もっとも合理的な食事を実行しているわけだ。さすがに我々には真似できないが、ひとつだけ方法がある。それは魚がまだ、ごく小さいうちにいただいてしまうこと。しらすは沿岸部に群泳しているイワシの稚魚。一度、熊本で漁船に乗せてもらったことがあるが、目の細かい大きなネットで一網打尽。透明な稚魚がピチピチ光っていた。

まだ骨も身もごく軟らかいので、カルシウム、タンパク質などすべての栄養素が十全に含まれた完全食といえる。特に魚の骨が苦手な子どもやお年寄りのカルシウム源としても優れている。また小なりとはいえ、イワシ（青い魚）なので、脳の活動や免疫に必要な必須脂肪酸も豊富に含まれている。

しらすは塩茹でして供するのが一般的。面白いのは、パックに入ったしらすをよく観察すると、その中にさまざまな海洋生物の幼生が含まれていること。タコ、エビ、カニ、ときには小さなタツノオトシゴまで。小さな命をいただいて私たちは自分の命を永らえる。ここでも食の基本は自然の恵みに対する感謝しかない。

ガレット

ついでにもう一品

●ガレット

①細かめのしらす干し１カップ、パルメザンチーズ４分の１カップ、白胡椒少々、牛乳大さじ１をまぜ合わせたら、茶こしを通して薄力粉（大さじ１～１と２分の１）を振り入れて、さらにまぜておく。②フライパンを中火で熱し、オリーブオイルを少量ひく。③弱火にしたら、材料をまぜたしらす干し（大さじ１）を入れて形を整える（写真）。④１分くらい焼き、スパチュラ（料理用へら）の背の部分で軽くつぶして５ミリ程度の厚さにする。⑤さらに２～３分焼き、上下を返し、カリッと焼き上げたら、ペーパータオルで余分な油をきる。

うま味が凝縮

しらす

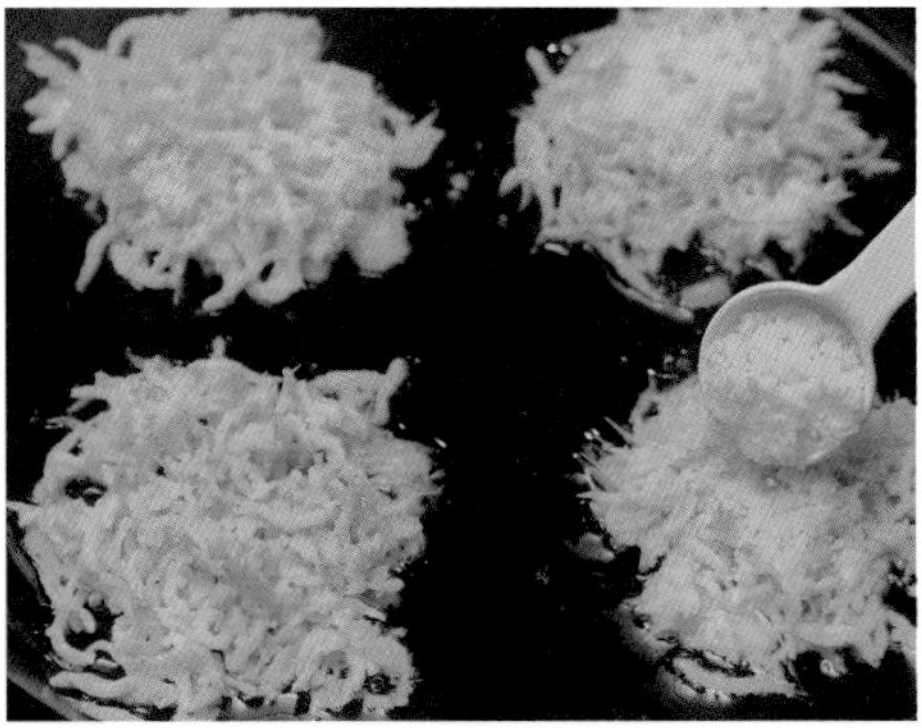

おいしさが際立つ
トースト

《材料》
◎しらす干し
（できるだけ細かいもの）　１カップ
◎角切りトーストパン　４枚の耳を切り落とす
◎マヨネーズ
　４分の１カップ
◎白胡椒　少々
◎卵黄　１個分
◎白ゴマ　大さじ１

《作り方》
①トーストパンにローラーをかけて厚さ２ミリ程度につぶし、４つに切る。
②しらす干し、マヨネーズ、白胡椒、卵黄、白ゴマをまぜ合わせ、パンの上にたっぷりのせる。
③オーブントースターなどで焼き色がつくまで焼き、焼き上がりにシブレットの小口切りをのせる。

発酵食品の力を活かす

いい「菌」は健康な命を育み、豊かな味わいを生み出す

塩分の量だけは要注意

味噌

味噌は日本の食文化を代表する発酵調味料です。

「さしすせそ」の最後ですから、調理の最後に加えます。特に麹味噌は風味が飛びやすく、長く煮るとうま味成分が減ってしまうからです。煮返した味噌汁がいい例です。その点で、豆味噌は軽く煮立てることで、独特の酸味や渋味が一層、引き立ちます。麹味噌と豆味噌は調理法によって使い分けます。

味噌は造り手によって塩分濃度が異なるため、味見をしながら、最初は少なめに加えるのがよいでしょう。

ナトリウムの除去を促進するマグネシウムやカリウムは高血圧、大豆レシチンは動

福岡 memo

発酵がもたらす恵み 究極の健康スローフードだ

私は米国で長らく研究生活をしていた。実験に忙しいので、どうしても食事はファストフードになってしまう。ピザ、ハンバーガー、フライドチキン……これにコカ・コーラが恐ろしいまでに合う。肥満になるのも当たり前。

しかし、日本人である私はときどきどうしても恋しくなる味があった。それは味噌汁や味噌ラーメンの味。味覚とは記憶。子ども時代に慣れ親しんだ味がおいしい味である。

ことほどさように味噌は日本の食文化に深く根ざした画期的な発酵食品である。大豆、米、麦などを原料に麹の力を借りて発酵させる。発酵とはデンプンやタンパク質の分解作用であり、これによって糖質の甘味やアミノ酸のうま味が花開く。

また、麹菌がつくる脂肪酸やイソフラボン化合物は制がん作用がある。さらに味噌を特徴づけるあの褐色はメイラード反応（糖とアミノ酸の結合。カステラの焦げ目と同じ）によるもので、反応物には抗酸化作用がある。つまり、ゆっくり熟成される味噌は究極の健康スローフードなのだ。

唯一の考慮点は、塩分の量。味噌味にインパクトを求めすぎると塩分過多になる。ただし、次ページのメニューのように、そこへ別の形でうま味が加わると、味噌を少なめにしても、おいしさは変わらない。ミソスープやミソラーメンは米国でも大人気。

脈硬化の予防につながります。熟成の過程で生じるメラノイジンは食後の血糖値の上昇を抑えるため糖尿病防止に役立ちます。日本で昔から味噌を重宝されたのは、おいしいだけでなく、健康上のさまざまな効能があるからです。

次ページで、さわらと合わせたレシピを紹介します。

さわらは青魚のため、良質なタンパク質、ビタミンD、ビタミンB12に加えて、脳の老化を防ぐDHA（ドコサヘキサエン酸）や血管の老化を防止するEPA（エイコサペンタエン酸）が含まれています。

味噌と合わせる卵黄には脳を活性化させるコリンがかなり豊富なので、さわらのDHAとともに脳の老化防止作用があります。

ついでに
もう一品

ごぼうの煮もの

①新ごぼうを皮ごとよく洗い、長さ6センチに切りそろえて縦半分に。

②スがある場合は先の細いスプーンなどで除き、短冊切りにする。

③土鍋に水と煮込み料理に適した豆味噌、酒、みりんをほんの少し加え、汁気がなくなるまで煮る。

④白すりごまをあしらう。

まさに万能調味料

味噌

トマトを特製ドレッシングで

①おいしいトマトの皮をむき、芯を除き、乱切りに。

②ごま油大さじ 3、しょうがのみじん切り小さじ 1、麹味噌大さじ 2 分の 1、米酢大さじ 2、白こしょう少々と合わせ、トマトにかけ、大葉をちぎってあしらい、風味を立てる。

素材のうま味が増す

さわらの卵黄焼き

《材料》

◎さわら　2切れ
◎塩　小さじ2分の1
◎酒　大さじ4
◎オリーブオイル
　大さじ2
◎卵黄　1個分
◎麹味噌　大さじ1

《作り方》

①さわらの切り身を塩、酒（大さじ 2）、オリーブオイルと合わせて 15 分おく。②別に卵黄、麹味噌、酒（大さじ 2）をよく混ぜておく（写真）。③さわらを魚焼きグリル、またはオーブンのグリラーで中火で下焼きする。④半分ぐらいまで火を通したら、一度取り出し、さわらの切り身の上面に卵黄と麹味噌と酒を合わせたものをスプーンなどで２～３回塗り、再度焼く。⑤途中、卵黄味噌が流れ落ちてしまったり、少なかったりした時は重ね塗りする。

健康にいい酵素がたっぷり

生麹（なまこうじ）

日本酒の誕生とともに生まれた麹には、たくさんの種類の酵素が含まれています。

それらの酵素にはでんぷんやタンパク質を分解してうま味成分のアミノ酸をつくり出したり、肉を軟らかくしたりする作用があります。

以前から塩麹がブームですが、中には発酵を止めているものや、塩分過多のものもあります。うま味を増し、生活習慣病予防につながる効果が期待できるのに、必要以上の塩分を摂取してしまえば台無しです。

したがって、良質な生麹を利用し、適度な塩分を後から加えることをお勧めします。冷凍しておけば、日持ちするメリットもあります。

ここで紹介するてつレシピのうちのひとつでは生麹を利用してうま味を加え、鶏肉を軟らかくします（158ページ）。

鶏肉には体の酸化や糖化を抑えるカルノシン、皮膚や粘膜の健康を維持するビタミ

発酵の力が世界の食文化を豊かにした

福岡memo

でんぷんやタンパク質は重要な栄養素であるにもかかわらず、そのまま食べても味がしない。一方、でんぷんが分解してできる糖分には甘味があり、タンパク質が分解してできるアミノ酸にはうま味がある。私にはこの事実が長年の謎であった。

生物にとって、味覚は食物の存在や良否を探るために発達した感覚のはずなのに、なぜ本体ではなく分解産物のほうに魅力を感じるよう進化したのだろうか、と。

仮説のひとつは、大昔、ヒトの祖先は自然界で天然の発酵食品に出合い、それが生存のためにも、健康のためにも役に立つことを体験したから、というもの。おいしさの起源は、それが生きるために有用だったからである。

さて、発酵は微生物の力によって生じる。コウジカビはその代表選手。米、豆、小麦などに生えると、強力な酵素群を分泌して、でんぷんやタンパク質をたちまち分解し、糖分やアミノ酸に変えてくれる。

分解が進んだ食材は消化にもよいし、微生物がつくり出した香味や風味、あるいはビタミン類が付与されるというメリットもある。以来、ヒトは自然に学んだ方法を積極的に利用することに気付き、食品の味を開くことを覚えた。これが発酵食品として世界各地の食文化を築いた。麹はその典型例である。

ンB6が豊富に含まれているため、老化防止に効果的な食材です。

唐揚げは2度揚げすることによって、中をフワッとジューシー、外をカリッとさせます。いったん揚げ油から引き揚げて空気に触れると、表面に水分が出てくるので、もう一度、揚げることによって表面の水分を飛ばしてやるのです。

もうひとつの生麹を使った浅漬け風サラダは、冷蔵庫の残り野菜を利用します。浅漬けはもちろん、しっかり漬けたものもおいしくいただけます。日を追うごとに発酵が進み、酸味が強くなるのです。

ついでに
もう一品

簡単浅漬け風サラダ

①キャベツ、キュウリ、赤ピーマンなどを食べやすい大きさに切り、しょうがの千切り、塩少々（思ったより控えめに）と和える。
②水気が出てくるのを待って味見。足りなければ塩を加える。
③生麹と米酢を少量足して密封袋に入れ、冷蔵庫で1時間から一晩なじませて、いただく。
④野菜は大根、セロリ、ニンジンなども向く。

食材の味に豊かさを加える

生麹

《作り方》
①鶏肉、生麹、塩、にんにく、白胡椒、酒を合わせ15分おく。鶏肉の水気を軽く拭き取り、片栗粉をまぶす。
②揚げ油を150度に熱し、鶏肉を薄いキツネ色になるまで揚げたら取り出し、油を切る。5分おいて、170度の油で2度揚げ。油を切り、盛り付けたら、好みでレモンを搾っていただく。

外はカリッと、中はフワッと

鶏の唐揚げ

《材料》

◎鳥もも肉　２枚（皮と余分な脂を除き、包丁で縦に切り込みを入れ、大きめの一口大に切る）

◎生麹　大さじ２

◎塩　小さじ１と２分の１

◎にんにくのすりおろし　小さじ１

◎白胡椒　少々

◎酒　大さじ３

◎片栗粉　適量

◎揚げ油　適量

◎レモン　適量

乳酸菌が生きたまま腸内へ

野沢菜漬け

食品の発酵に役立つ乳酸菌のうち、牛乳をヨーグルトやチーズに変えるのが動物性乳酸菌なら、野菜を漬物に変えるのは植物性乳酸菌です。

栄養豊富な乳糖をエサに、恵まれた環境のもとで育つ動物性乳酸菌に比べて、植物性乳酸菌は過酷な環境下で、豊富とはいえない野菜の糖を食べて育ちます。

そのため丈夫で、生きた状態のまま腸に届く可能性が高いとされています。さらに野菜自体に食物繊維が豊富ですから、整腸作用が期待できます。

野菜を漬物にすると水分が抜けてカサが減るだけに、量がたくさん摂れるのも利点です。

ここでは、漬物を単なる漬物としてではなく、野菜や調味料としていただくレシピ3つにしました（162ページ）。

野沢菜漬けはなるべくなら無添加のものを選びましょう。また、野沢菜漬け自体に

福岡memo

乳酸菌と食物繊維が腸内環境を整える

マヨネーズの賞味期限をご存じですか。常温でも、プラスチックチューブ入りなら10カ月程度、ガラス瓶入りなら1年程度。生卵を主要な原料としているのになぜこんなに長持ちするのか。普通の生卵だったら確実に数日以内に腐ってしまう。その秘密はマヨネーズは酸性（すっぱい）だからである。酸性環境では普通の雑菌は生育することができない。だから長持ちする。

しかし、酸性でも生育できるよい菌がいる。それが乳酸菌だ。野菜をお漬物に変えてくれるのが乳酸菌。そして消化管内で腸内環境を整えてくれるのも乳酸菌である。牛乳をヨーグルトに変えてくれるのも乳酸菌（ちなみにマヨネーズは酢と油を混ぜてつくる加工食品で乳酸菌発酵ではない）。

長野県は長寿日本一（2023年のデータでは女性が4位、男性は2位）。その秘密は野沢菜にありとの説がある。長野県人は三度の食事だけでなく、おやつにもお茶と野沢菜をいただく。乳酸菌と食物繊維、そして本来、野沢菜に含まれるビタミンAやCのおかげということ。漬物としての野沢菜は塩分控えめで爽やかな味。この点も優れた健康食といえる。

塩分が含まれているので調理する際の塩気は控えめにします。しばらく冷蔵庫で保存しておけば発酵が進み、うま味、酸味が増します。

野沢菜漬けと炒める豚肉には疲労回復効果のあるビタミンB_1が食品の中でも群を抜いて多く含まれているうえ、動脈硬化や認知症の発症にブレーキをかけるビタミンB_6やビタミンB_{12}も豊富です。

アジの刺し身を特性しょう油で

ついでに
もう一品

冷ややっこ
たたきオクラと一緒にのせて

①好みの豆腐をペーパータオルで包み水を切る。
②がくの周りをむいて、板ずり（塩をまぶしてすり込み、まな板の上で転がす下ごしらえ）したオクラをみじん切りに。
③みじん切りにした野沢菜漬けと合わせて豆腐にのせる。
④好みでごま油を少量かけてもよい。

調味料としても優秀

野沢菜漬け

アジの刺し身を特製醤油で

①野沢菜漬けを細かいみじん切りにして、水分を絞らず醤油と合わせる。
②これにレモン汁を少量加えた野沢菜漬け醤油を、アジの刺し身にのせていただく。
③この特製醤油は白身の刺し身や茹で豚、蒸し鶏、トマトにも合う。

肉と野菜の絶妙ハーモニー
豚肉との炒めもの

《作り方》
①豚バラ肉と酒、醤油、片栗粉、白胡椒を合わせて軽く揉み込んで、10 分おく。
②フライパンにごま油を中火で熱して豚バラ肉を入れ、色が変わるまで炒める。
③野沢菜漬けと長ねぎを加えて強火でさっと炒め、最後に白胡椒で調味する。

《材料》
◎野沢菜漬け　1カップ(水気を絞って3センチに切りそろえる)
◎豚バラ肉　200グラムを一口大に
◎酒　大さじ2
◎醤油　大さじ1
◎片栗粉　小さじ1
◎白胡椒　適量
◎長ねぎ　2分の1本分を縦半分に切り、芯を除いて斜め薄切り
◎ごま油　大さじ1

辛味とうま味がぎっしり

コチュジャン

発酵食品には、麹菌や乳酸菌など微生物のパワーと、発酵が新たに生み出すパワーが備わっています。それらには整腸、美肌、免疫調整、血圧や血糖値改善につながる生活習慣病予防などの作用があります。

コチュジャンは、米、麦、大豆、麹、粉唐辛子などを発酵させた醤のこと。糖度があるので焦げやすいため、調理の最後に辛味とうま味として加えるとよいでしょう。

ここでは、コチュジャンをつかったアサリの納豆チゲを作ります。納豆には、血液をサラサラにする成分で知られるナットウキナーゼだけでなく、前立腺がん、脳梗塞、心筋梗塞のリスクを低下させるといわれるイソフラボン、血管が硬くなるのを防ぐビタミンK2などが含まれています。

アサリも、老化防止の栄養素が豊富です。タウリンには心臓病や高血圧などの生活習慣病の改善作用、亜鉛には細胞を酸化させる活性酸素を除去する効果があります。

寒い季節にピッタリ

アサリの納豆チゲ

《材料》
◎ニンニクのみじん切り　小さじ1
◎ごま油　大さじ1
◎豚バラ肉薄切り　100グラムを3センチ幅に切って
◎キムチ(市販のなるべく無添加のもの)1センチ幅にして1カップ
◎アサリ　300グラム(砂出しし、殻をこすり合わせて洗い、水を切る)
◎納豆　1パック
◎ジャガイモ　中1個の皮をむき7ミリ幅に
◎チキンスープ　3カップ
◎酒　大さじ3
◎豆味噌　約大さじ1
◎コチュジャン　小さじ1〜大さじ1
◎タマネギ　2分の1個分のざく切り
◎木綿豆腐　2分の1丁(軽く水気を切り4つにちぎる)

《作り方》
①土鍋にニンニクのみじん切りとごま油を入れて中火に。豚バラ肉、キムチを加えて炒めたら、アサリを入れてさっと火を通す。
②これに納豆、ジャガイモ、チキンスープ、酒を加えて蓋をする。中火でアサリの殻が開くまで煮る。
③蓋を取って味見。豆味噌で味を調え(写真)、ジャガイモが軟らかくなったところにコチュジャンを加える。最後にタマネギと木綿豆腐を加えて、さっと火を通す。

新たなうま味や甘味が誕生！「発酵」は食材の潜在能力を引き出す

福岡memo

食品は植物性のものであれ、動物性のものであれ、他の生物のからだの一部をいただいてきたもの。そこには生命現象が包み込まれている。微生物もたくさん付着しているから時間とともに、雑菌がどんどん増殖して人間が食べる前に食品を食べてしまう。その過程で臭いにおいや有害物質を作ったりもする。正確にいえば「腐敗」である。

一方、このプロセスを人間の食文化の中で上手に育んできた。「発酵」だ。腐敗させずに発酵させるためには、雑菌でなく、良菌と条件が必要だ。納豆には納豆菌、キムチには乳酸菌である。これらの菌は、タンパク質をアミノ酸に変え、炭水化物を糖に変える。つまりうま味や甘味が増す。また菌の代謝作用によって香味成分や酸味成分が出る。発酵は食材の潜在能力を引き出し、花開かせる魔法といえる。

7

肉を食す

シニア世代には必須の食材！ タンパク質摂取で老化をストップ

日本人の平均寿命が世界でもトップクラスになった理由のひとつは、動物性タンパク質の摂取量の増加だといいます。

食べる肉の量が不足すると、体内の筋肉や免疫機能などが低下し、老化に拍車がかかります。若い方でも肉が足りないと肌が乾燥するなど、見た目が老けた感じになります。特にシニア世代は植物性タンパク質と同じように動物性タンパク質を取ることを意識したほうがよいそうです。肉は老化を遅らせる食材なのです。

中でも鶏肉は抗酸化物質が豊富で、体を老けにくくします。メチオニンは食品から摂取しなければならない必須アミノ酸で、肝機能を向上させ、ストレスを緩和させることが明らかになっています。また、豊富な不飽和脂肪酸は悪玉コレステロールを減らし、血液をサラサラにします。

老化防止！ 余分な脂を取り除いて

鶏肉

ここでは鶏肉を使ったワイン煮と、ゴボウとの炒り煮を紹介します。皮の余分な脂や、身との間の黄色い脂は取り除きます。

ワイン煮に使う鶏肉の皮の部分には穴を開け、外に流れ出た脂分は煮ている間にすくい取ります。栄養豊富な鶏肉をできるだけヘルシーにいただきましょう。

イミダゾールジペプチドに注目！
疲労回復、抗酸化作用を持つ特殊成分

福岡memo

農林水産省の資料には次のように書かれている。“畜産物1キロの生産には、その何倍もの飼料穀物を家畜に与える必要があることから、畜産物消費量が増加すると、急激に穀物需要が増加します”と。

ちなみに、畜産物1キロの生産に必要な穀物量（トウモロコシ換算）は、牛肉で11キロ、豚肉で7キロ、鶏肉で4キロになる。肉（タンパク質）と穀物（炭水化物）の重さ当たりのカロリーは同じなので、牛肉1キロを食べるのはトウモロコシ11キロを食べるのと等価であり、エネルギー効率から見て、とても無駄が多い。

もし将来、食糧不足になったら、肉など食べることは許されず、人間もトウモロコシを食べて飢えをしのぐ時代が来るのは必定である。つまり肉食はとてつもないぜいたく行為なのだ。肉のうちでも鶏肉はエネルギー効率からいって優等生。牛の約3分の1の餌で同じ量の肉になる。そして、栄養面からいっても優等生である。まず、なんといっても脂が少ない。

鶏の胸肉は、鳥が羽ばたくためのムキムキな筋肉であり、ここにはイミダゾールジペプチドという特殊な成分が含まれている。イミダゾールジペプチドは、もともと渡り鳥が長時間、羽ばたくために用意されている物質で、乳酸の分解促進による疲労回復作用、活性酸素を抑える抗酸化作用を持つことが示されている。ぜいたくとはいっても肉はやっぱりおいしい。せめて、食べられるうちに味わっておきたい。

ついでに
もう一品

●ゴボウとの炒り煮

①鶏もも肉1枚の皮と脂を除き、繊維に沿って縦に包丁を入れ(写真)、大きめの一口大に切る。
②細めのゴボウ(30センチぐらい)を皮ごとよく洗い、一口大の乱切りにする。
③厚手のフライパンでゴマ油大さじ1を中火で熱し、鶏肉を炒め、ゴボウも加え、ショウガの千切り大さじ1と三温糖大さじ1を加え、照りが出るまで炒め、酒大さじ3、水1カップを加えたら蓋をせずに5～7分中火で煮る。
④醤油大さじ1を加え、煮汁がなくなるまで炒り煮にする。

ヘルシー食材の代表格

鶏肉

《作り方》
①下処理した鶏もも肉を横半分に切り、塩(小さじ1)、白胡椒、ニンニク、オリーブオイル(大さじ2)、レモン汁と合わせて15分マリネする。②水気を抑え、茶こしを通して薄力粉を全面にふる。③厚手の鍋にオリーブオイル(大さじ1)を中火で熱し、鶏肉の皮側から両面を香ばしく焼き、白ワイン、野菜、チキンスープを加え、15～20分、弱火で煮込み、味を見て、塩、白胡椒で調える。④器に煮汁と共に盛り、パセリのみじん切りをあしらう。

余分な脂分をのぞいて

白ワイン煮込み

《材料》

◎鶏もも肉　2枚(余分な脂を除き、皮全体にしっかり金串などで穴を開ける)

◎塩　　小さじ1＋少々

◎白胡椒　　少々

◎ニンニクのすりおろし　　小さじ2分の1

◎オリーブオイル 大さじ2+大さじ1

◎レモン汁　　大さじ3

◎薄力粉　適宜

◎セロリ　1本(筋を除き、5センチの長さに短冊切り)

◎ペコロス　4個(天地を切り落とし皮をむく)

◎マッシュルーム　8個(石づきを除いて汚れを落とす)

◎白ワイン　　2分の1カップ

◎チキンスープ　　1カップ

◎パセリのみじん切り少々

ビタミンB群に富む

豚肉

豚肉は栄養豊富で、肉質に癖がないため味もつけやすい。牛肉に比べて安価ですし、よいところだらけの食材です。

まず、なによりビタミンB群が豊富です。中でも糖質がエネルギーに変わる際に不可欠な栄養素で、不足すると疲れを感じるビタミンB_1は、あらゆる食材の中でもずばぬけて多く含まれています。つまり疲労回復効果があるのです。

ビタミンB_6やビタミンB_{12}は、動脈硬化や認知症の発症にブレーキをかける作用があります。

これらのビタミンB群は玉ネギやニンニクと一緒に摂取すると、より効率良く吸収されます。

今回はマリネソテーと生姜焼きのレシピを紹介しますが（172ページ）、その2品でニンニクを使う理由は、おいしくなることだけではありません。栄養素の吸収にも効果があるのです。

何を食べて育ったか？ 脂肪の味と香りを左右するのは〝餌〟

福岡memo

豚肉、牛肉、鶏肉、ラム肉。もし、目かくしされて食べたとしても、何肉か言い当てることができる。つまり、それぞれ風味が違う。科学的に見るといったい何が一番違うのだろうか。

どれも肉は基本的には筋肉のタンパク質が主体。タンパク質はアミノ酸が連結したもので、そのままの筋肉タンパク質には味はない。熟成させるとアミノ酸が遊離してきてうま味や甘味が増す。でもこれはどの肉でも原理は同じ。つまりタンパク質では差は出ない。

肉によって一番違うのは実は脂である。肉に入っている脂分は、タンパク質の隙間にただ脂がたまっているのではなく、れっきとした細胞（これを脂肪細胞という）が、エネルギー源としてため込んだ油滴である。

そしてこの油脂は、動物細胞が自分で合成したものもあるが、かなりの部分は餌由来のものである。特に豚肉は、その豚がどんな食生活をしていたか、脂に如実に反映する。脂の味や香りは餌に左右されるのだ。だから、例えば豚の足を原料とするイタリア・パルマの特産生ハムでは、厳密にオーガニックな餌が規定されているし（そうでないとパルマハムを名乗れない）、スペインのガリシア産高級豚は栗の実で育てられる。自然の網の目はつながっているのだ。

肉をマリネする際のレモン汁、生姜焼きを漬け込む際の麹も、下味をつけることだけが目的ではありません。レモン汁の酸働きや、麹の発酵作用によって肉が軟らかくなるのです。

厚みのある肩ロースの調理では、脂の部分に下包丁を入れるひと手間も忘れないでください。焼いたときに縮むのを防いでくれます。

豊富な栄養を、より吸収しやすく、よりおいしく、より食べやすくいただきましょう。

マリネソテー

ついでに
もう一品

●生姜焼き

①豚肩ロース（厚さ７ミリを６枚）を、すりおろした生姜大さじ１、ニンニクすりおろし小さじ２分の１、麹大さじ２、酒大さじ１、みりん大さじ１、醤油大さじ１と２分の１と合わせ 15 分漬ける。

②フライパンにごま油を熱したら、麹も一緒に両面を焼く。

③たっぷりのキャベツの千切りの上に盛り付け、キャベツとともにいただく。

栄養を効率よく食べやすく

豚肉

《作り方》

①豚肩ロースの脂の部分に下包丁を入れ、焼き縮みを防ぐ。②ニンニク、塩、オリーブオイル（大さじ２)、レモン汁、白胡椒、ローズマリーを合わせ、豚肉に擦り込み、30 分マリネする（写真)。③水気を抑え、薄力粉を茶こしを通して全体にふる。④オリーブオイル（大さじ１）をフライパンで中火で熱し、豚肉の両面を蓋をして焼く。⑤焼き上がりに白胡椒をふり、バターをのせ、器に盛る。

下包丁を入れるひと手間を！

マリネソテー

《材料》
◎豚肩ロース　　２枚（厚さ１．５センチ）
◎ニンニクすりおろし　　大さじ２分の１
◎塩　　小さじ１
◎オリーブオイル　　大さじ２＋大さじ１
◎レモン汁　　大さじ２
◎白胡椒　　少々
◎ローズマリー　　２茎
◎薄力粉　　適宜
◎バター　　大さじ１

本来のうま味を感じながら味わう

牛肉

牛肉にはタンパク質や鉄分が豊富に含まれています。

タンパク質の良し悪しを示すアミノ酸スコアは豚肉や鶏肉同様に満点です。また、抗酸化物質を多く含まれ、老化抑制効果が期待できます。

さらに、赤血球をつくるうえで欠かせない鉄分も多く含まれており、貧血防止効果があります。鉄分は汗や尿などによって体外に出てしまうため、意識的に摂取したいものです。

ここでは、牛のもも肉を使った2品、ミラノ風カツレツと肉豆腐のレシピを紹介します（176ページ）。

パルメザンチーズの香りを生かしたミラノ風カツレツは、たたいて薄く伸ばした牛肉を少量の油で揚げ焼きにしたものです。

最初にマリネするのは、肉にオリーブオイルとニンニクの風味を浸透させるため。これによって料理に使う塩分はマリネ液に加える小さじ半分の食塩とパルメザンチーズによるものだけ。わずかな塩分で十分、素材のおいしさを味わえます。

仕上がりをカリッとさせるために、使用するパン粉はできるだけ細かいものが理想です。

肉豆腐は火を通す前の肉に、三温糖（砂糖）をまぶしてください。砂糖には脱水作用があり、肉の繊維を広げてくれるからです。そうすることで肉は軟らかくなり、味も入りやすくなります。砂糖の量は大さじ1杯で十分。加える薄口醤油の量も少なくてすみます。

栄養豊富な牛肉を、本来のうま味を感じながら味わいましょう。

冷えたシャンパンでミラネーゼを楽しめる幸福

福岡 memo

ニューヨーでの生活での楽しみのひとつは、大学近くのイタリアンレストランで、冷えたフランチャコルタ（イタリアのシャンパン）を飲みながら、この店の名物、熱々に揚げられたミラノ風カツレツをいただくこと。つまり今回のメニュー、ミラネーゼである。香ばしい衣と牛肉のうま味のマリアージュは最高である。

ところが、コロナ禍で、そんな優雅な時間を過ごしている余裕がなくなってしまったことがある。当時、米国では感染者数が急激に拡大、大学は全校休校を決定。すべての実験・研究はいったん中止せざるを得なくなり、講義や会議はZOOM（ネット中継システム）で行うことになった。公立の小中高もすべて休校となり、コンサート、ミュージカル、美術館・博物館も休止。レストランやバーにも営業自粛の動きが広がってしまった。

生態史論的にいえば、感染症の広がりは、人間の文明活動の世界化と軌を一にしている。つまりウイルス禍は自然界からのリベンジなのだ。

さて、ミラネーゼに似た料理に、ウインナシュニッツェルやコルドンブルーがある。これらはミラネーゼが欧州圏に伝播し、それぞれの風土に根付いたもののようだ。ようやく、おいしい牛カツをゆっくり味わえるようになってホッとしている。

マリネの効果とパルメザンチーズの風味

ミラノ風カツレツ

《材料》
◎牛もも肉　厚さ1センチの約100グラムを2枚
◎ニンニクすりおろし　小さじ2分の1
◎オリーブオイル　大さじ2
◎塩　小さじ2分の1
◎白胡椒　少々
◎薄力粉　適宜
◎溶き卵　1個分
◎生パン粉(2度びき)　2分の1カップ
◎パルメザンチーズ　大さじ1
◎揚げ油　適宜
◎トマト　適宜
◎イタリアンパセリ　適宜
◎レモン　適宜

《作り方》
①まな板に置いた牛もも肉を、肉たたきの平面でたたき（写真）、5ミリぐらいの薄さに広げる。
②ニンニク、オリーブオイル、塩、白胡椒を合わせ、肉を15分マリネする。
③ペーパータオルで水気を押さえ、茶こしを通して薄力粉をまぶす。
④肉を溶き卵にくぐらせたら、合わせた生パン粉とパルメザンチーズに押さえつけるようにして衣を付ける。
⑤鍋に食材の3分の1ほどが漬かるように引いた油を中温に熱し、牛肉を香ばしく揚げ焼きにする。
⑥ペーパータオルで油を切り、トマトの角切りとイタリアンパセリをあしらったら、レモンを搾っていただく。好みで粗びきの胡椒も合う。

鉄、抗酸化物質が
老化予防に

牛肉

ついでに
もう一品

●肉豆腐

①木綿豆腐１丁をペーパータオルに包み、まな板とまな板で挟んだら30分くらい水切り。
②豆腐をひと口大に切り、耐熱容器に並べる。
③牛もも肉の薄切り150グラムを10センチに切り、三温糖大さじ１をまぶし、豆腐の上にのせる。
④ネギ４分の１本を斜め切りにして添え、酒４分の１カップを加えたら、蓋をして火にかける。
⑤肉の色が変わったあたりで薄口醤油大さじ１と２分の1、卵１個を加えて１分おき、蓋をして火を止め、２〜３分蒸らす。

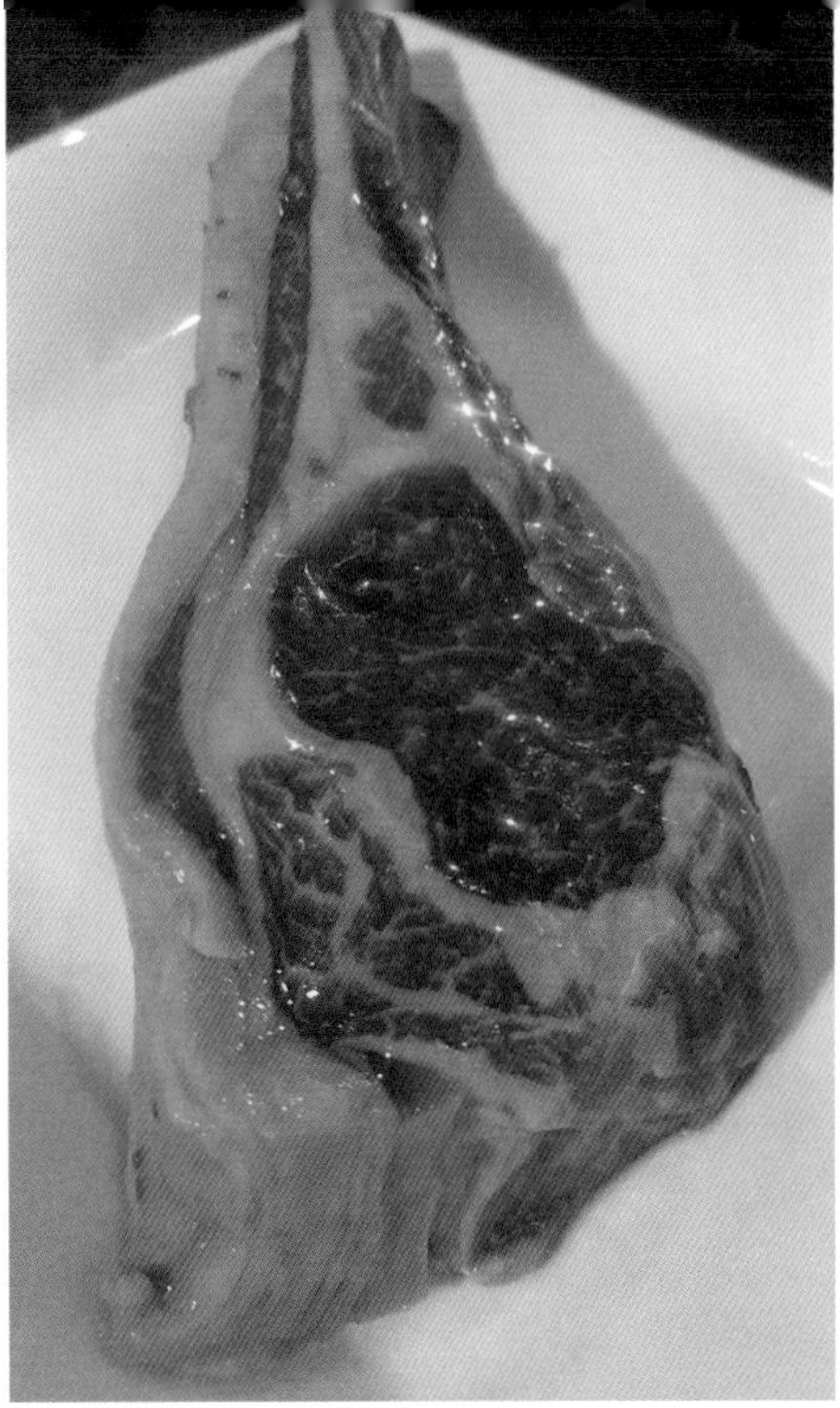

ヘルシーさが魅力！

羊肉

生後1年未満の子羊のラムは、栄養豊富でヘルシーな食材として知られています。

ラムには牛肉や豚肉や鶏肉と比べても不飽和脂肪酸が豊富に含まれていますが、この不飽和脂肪酸は、悪玉コレステロールを減らし、血液をサラサラにする働きがあります。それ以外にも、主イワシやアジなどの青魚に含まれる成分がラムには多いのです。

アミノ酸の一種のカルニチンはダイエット効果が期待できるだけでなく、老化や記憶力低下を抑制する可能性も指摘されています。

今回は、子羊のロース肉を骨付きの状態で切り離したラムチョップを使った2品、パン粉焼きと柚子胡椒焼きです。

ともに脂の部分に下包丁を入れるのは焼き縮みを防ぐため。わずかなひと手間ですけが、この手間をかけるかかけないかで食感や後味が大きく違ってきます。

ラムは焼き加減も重要です。焼き過ぎると肉のうま味が飛んでしまいますから、切断面の焼き色が薄いピンクベージュになるように仕上げるのが理想です。

中にはラム特有の臭みを毛嫌いする方もいらっしゃいますけど、以前と違って、最近はオーストラリアや北海道から質の良いものが手に入りやすくなりました。調理の際にニンニク、香草、柚子胡椒など香りの強いものを利用するのもひとつの方法で、意外にも相性が良いのが醤油です。柚子胡椒焼きで最初に醤油ベースの下味をつけるのもそのためです。

栄養豊富でヘルシーなラムをぜひ、おいしく召し上がってください。

福岡memo

カルチニンというアミノ酸にダイエット効果あり

肉の中でも特に羊肉が好き、という人は多い。羊肉独特の香味がいいからだろう。私も大好きである。

牛、豚、鳥、羊と比べると、肉の主たる成分の筋肉タンパク質にはほとんど差がないが、食べると味に大きな違いがある。これはそれぞれの肉に含まれる脂肪の差による。そして脂肪はエサの影響を大きく受ける。豊かな牧草を食べて育った羊の肉は香ばしい香りがする。特に、分岐鎖脂肪酸と呼ばれる特別な油脂成分が香味成分の正体だ。この脂肪酸、ちょっと構造が違うだけで、羊肉のよい香りになったり、はたまた、靴下のいやな臭いになったりする。

ところで、同じ羊肉でも、ラムとマトンの違い、わかりますか。ラムは生後1年未満の若い羊、マトンはそれ以上の羊。当然ながら、ラムのほうが軟らかく、くせがない。マトンはそれなりにしっかりとした味になる。どちらを選ぶかは好みの問題だが、幼い羊をどんどん食用にしてしまっているという人間の強欲さは覚えておいたほうがいいだろう。

タンパク質にほとんど差はない、と書いたが、羊の肉にはちょっとした特質がある。それはカルニチンというアミノ酸が多いこと。カルニチンは、細胞の中でミトコンドリアが脂肪を燃やすとき手助けする作用がある。なので、ダイエット成分といえる。ただし、ラムを食べすぎてしまえば元も子もない。

ラムチョップの柚子胡椒焼き

ついでにもう一品

●ラムチョップの柚子胡椒焼き

①ラムチョップ6本に下包丁を入れ、すりおろしたニンニク小さじ2分の1、醤油大さじ3、酒大さじ2に15分漬ける。
②肉の表面に柚子胡椒小さじ1と2分の1、オリーブオイル大さじ2をよく混ぜたものをのせ、オーブン、または魚焼きグリルで焼く。

豊富な不飽和脂肪酸

羊肉

《作り方》
①ラムチョップの脂の部分に数カ所、下包丁を入れ、ニンニク、タイム、塩、白胡椒、オリーブオイル（大さじ2）を合わせたものと15分、マリネする。
②ラムチョップの肉が左、骨が右になるよう置き、タイムの葉先、パセリ、パルメザンチーズ、オリーブオイル（大さじ2）、生パン粉を合わせたものを少しずつ肉の上にのせるように盛る（写真）。
③ 250度に予熱したオーブン、または高温に熱した魚焼きグリルの上に置き、オーブンで5～7分、魚焼きグリルで5分焼く。
④好みでレモンを搾っていただく。

焼き加減に注意
ラムチョップのパン粉焼き

《材料》
◎ラムチョップ　6本
◎ニンニクすりおろし　小さじ2分の1
◎タイム　2茎
◎塩　小さじ2分の1
◎白胡椒　適宜
◎オリーブオイル　大さじ2＋大さじ2
◎タイムの葉先(茎から葉をそぎ落とす)
小さじ1
◎パセリみじん切り　小さじ1
◎パルメザンチーズ　大さじ2
◎生パン粉　大さじ3
◎レモン　適宜

8

ネバネバ食品に親しむ

食物繊維がとにかく豊富! 食感、風味を大切に食したい

栄養満点、低カロリーの優等生

長芋

精のつく食材として知られる長芋には、胃壁などの粘膜を保護、腸内環境を整えるネバネバ成分のムチンを筆頭に、消化酵素のアミラーゼ、抗酸化作用のあるビタミンC、高血圧予防のカリウムなどが含まれています。

なおかつ100グラム当たり65キロカロリーしかありませんから、まさにスーパーフードです。

豊富な栄養分と風味を逃さないポイントは2つあります。

1つは皮をできるだけ薄くむくこと。野菜の栄養とうま味は皮付近に多いですから、ピーラーなどをうまく使って丁寧にむきましょう。

日本の食文化が誇る栄養食材「シメ」にもいい

福岡memo

日本の食文化では主食は米だが、ヨーロッパやロシアなどでは芋が主食である。米や小麦などの穀物と、ジャガイモ、サツマイモ、あるいは今日のテーマである長芋などの芋類とでは主食として何が違うのだろうか。

カロリー源としてのデンプンをたくさん含むこと、タンパク質も十分含んでいることはほぼ同等である。違いは、芋類のほうが大量の水を含んでいるということ。長芋のネバネバ成分も食物繊維に保持された水分が多いゆえのもの。なので、同じカロリーを摂取しようとすると、芋の方がたくさん食べないとならないことになる。

これは現代人にとってはかえって都合がよい。低炭水化物ダイエット法を励行して、米を食べないようにしている人もいるが、シメにごはんを食べないのは物足りないもの。また、カロリー不足を補うため、結局その分、他のもの（肉や魚）を多く食べてしまうので、タンパク質や脂質が過剰になりがち。そんなことなら芋を少々食べたほうがよい。炭水化物を食べた満足感もあり、またカサが大きい（水分が多い）ので食べ過ぎることもない。

長芋はそのまま短冊にして食べても、とろろにすりおろしても、あるいはお好み焼きに入れても（水分が多いのでふんわり焼き上がるので）おいしい。日本の食文化の中で育まれた、変化に富む優れた栄養食材である。

もう1つは皮をむいたら洗わないことです。粘りがあるためについ洗いたくなってしまいがちですが、洗ってしまうと逆に粘り気が増して扱いにくくなります。なにより洗ってしまえば豊富な栄養素や風味を逃してしまいます。

長芋はその調理法によって、さまざまな食感が楽しめます。

次ページでは2つのレシピを紹介しています。加熱したグラタンではホクホク、きゅうりとの叩き和えではシャリシャリ、そのまますりおろせばネバネバの食感が楽しめます。

キュウリとの叩き和え

ついでに
もう一品

●叩き和え

①長芋200グラムの皮をむいて縦半分に切ったものをまな板にのせ、ペーパータオルをかぶせたら上からすりこぎで叩き（写真）、一口大に切る。
②きゅうり1本を叩いて乱切りにしたものを加えたら、しょうがのみじん切り小さじ1、にんにくのみじん切り小さじ2分の1、みりん小さじ1、醤油、米酢各大さじ1を合わせて上からかける。

栄養と風味を逃がさず食す

長芋

《作り方》
①フライパンにオリーブオイルを引いてたまねぎを中火で炒める。
②生ベーコンを加えてさっと炒めたら、長芋を入れ、ひとまぜして火を止める。
③ボウルでサワークリーム、卵黄、ナチュラルチーズ、白こしょうを合わせる。
④オーブンウエア（耐熱皿）に炒めた長芋、たまねぎ、ベーコンを敷いたら、ボウルの中身をかけ、パルメザンチーズをふる。
⑤220度に熱したオーブンで10分間焼く（オーブントースターで代用可能）。

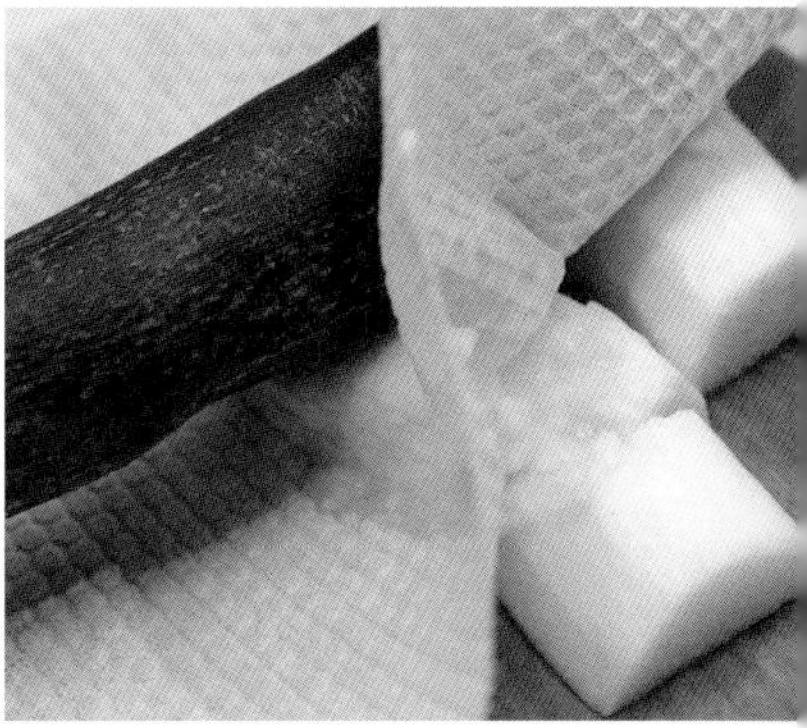

ホクホク感が最高！

グラタン

《材料》

◎長芋　300 グラムの皮をむいて一口大の乱切り

◎オリーブオイル　　大さじ 1

◎たまねぎ　4 分の 1 個を薄切り

◎生ベーコン　100 グラムを 5 ミリ厚さの一口大に

◎サワークリーム　　1 カップ

◎卵黄　　1 個

◎ナチュラルチーズ　　4 分の 1 カップ

◎白こしょう　　少々

◎パルメザンチーズ　　大さじ 1

「皮の下」の風味を生かす

里芋

前にも述べましたが、多くの野菜の栄養分やうま味は、皮の下に最も多く含まれています。

ですから皮をよく洗ってそのまま使うか、むく場合でもできるだけ薄くむいて使いましょう。

むいた皮はスープや味噌汁やきんぴらなどにも利用できますから、野菜は残すところなく使い切るようにしたいものです。

里芋もしかり。そのネバネバ成分は炭水化物とタンパク質が結合したガラクタンという成分によるものといわれ、肥満や高血圧予防、コレステロール低下作用、免疫力アップなどさまざまな効能があります。

ですから、皮のすぐ下の豊富な栄養素やうま味をできるだけ逃さないようにするのです。皮をむく場合には下から上へ薄くむきます。

今回は黄ニラとの土手煮と、そのままグリル味噌風味の2品（188ページ）。土手煮は里芋の皮を薄くむき、味付けには豆腐を発酵させた中国の調味料である腐乳を使います。

腐乳は香りが強烈ですが、チーズにも似た独特の風味はそのまま酒の肴になりますし、崩して炒め物に使うこともできます。鍋やパスタの味付けなど、さまざまな料理に使えますので重宝する調味料です。

そのままグリル味噌風味は皮付きのまま調理します。里芋の皮というとゴツゴツして硬いイメージですが、火を通すことによって香ばしく、なにより、おいしくいただけます。

里芋の保存は、皮を洗って乾かしたら、ペーパータオルで包んで袋に入れ、冷蔵庫の野菜室にしまいます。

ネバネバの正体は食物繊維 整腸作用、消化促進、免疫力向上に効果

以前、台湾のチョウを観察するために本島南部の海上の小島に出かけたことがある（私は子どもの頃からの虫オタク、それが高じて生物学者になった）。

人里を離れて山道を上っていくと、斜面の密林の中に思いがけず狭い段々畑が作られていた。谷筋から水が流れ込んでいて、青々としたハート形の葉っぱが茂っていた。里芋だ。日本では主に畑で作られているが、奄美諸島以南ではこのように水を張って育てていることが多い。日照の多いところではそのほうが収穫量が上がるからだ。

秋が旬。里芋を掘り出したことのある人はよく知っていると思うが、根は一抱えもあり、そこに小さな丸い芋がびっしりとついていて、おのずと自然の恵みの豊かさに感謝することになる。これはすべて里芋が光合成によって、大気中の二酸化炭素を炭水化物に変えてくれたもの。芋こそが重要な炭水化物源＝主食として人間の文明を支えてきた。里芋は、じゃがいも、さつまいもに比べて、独特のぬめり、ネバネバ食感があり、これがまた煮物などにするとおいしい。

ネバネバの正体はマンナン、ムチン、ガラクタンなどの食物繊維。これも光合成の産物だが、人間にとってはノンカロリーの健康成分。整腸作用、消化促進、免疫力向上などの作用が知られている。俗に「芋の子を洗う」という表現は、里芋をたらいの水に入れ、板でかき回して皮をとる作業からきている。里芋はシュウ酸を多く含むので、よく水にさらして、加熱しないとえぐみの原因となる。

そのままグリル味噌風味

ついでにもう一品

●そのままグリル味噌風味

①里芋３個の表面を洗ったら、皮をむかずに縦半分に切る。

②オリーブオイル大さじ３、麹味噌小さじ１、白こしょうをよく混ぜたものを里芋の切り口に塗り、250 度に熱したオーブンで 10 分焼く。魚焼きグリルで焼いても良い。

「皮ごと食す」もあり！

里芋

《作り方》

①土鍋、または準じた鍋に、にんにくとごま油を入れ、中火で香味の立つまで炒めたら、干しエビを加える。里芋を加えてさっと炒め、チキンスープと紹興酒を入れたら一度煮立てる。

②腐乳を加えて弱火で 15 分、焦がさないように時々混ぜながら里芋が軟らかくなるまで煮る。

③味をみて白こしょうで調味し、火を切り、黄ニラを加える。

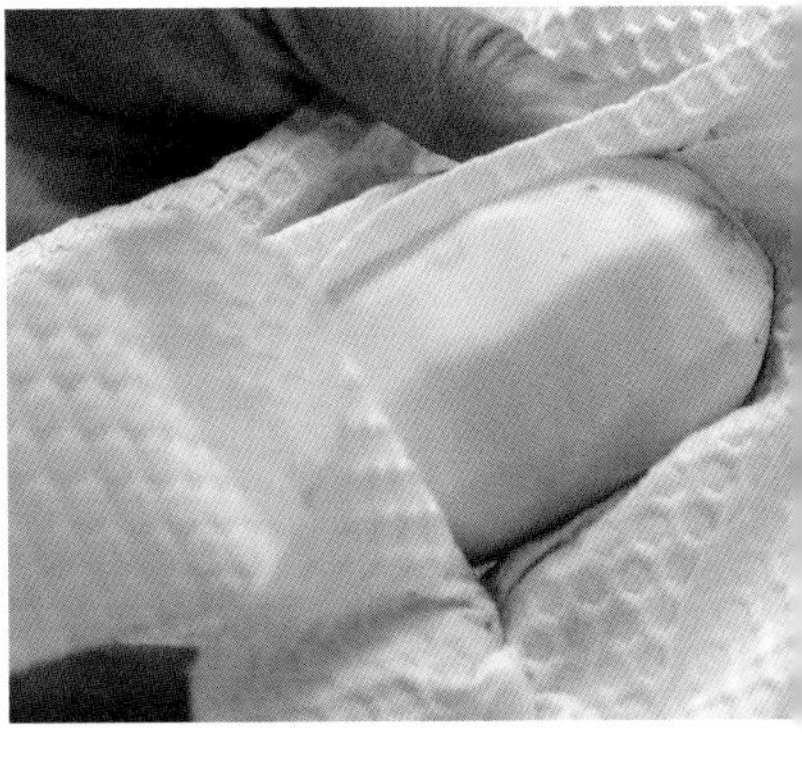

腐乳独特の風味が新鮮
黄ニラとの土手鍋

《材料》
◎里芋　小６個の皮をむき、一口大の乱切りにして汚れはペーパータオルでふき取る（写真）
◎にんにく　　小さじ１（みじん切り）
◎ごま油　　大さじ１
◎干しエビ　　大さじ２（粗みじん切り）
◎チキンスープ　　２カップ
◎紹興酒　　大さじ２（日本酒で代用可）
◎腐乳　　大さじ２（味は変わるが味噌で代用可）
◎白こしょう　　少々
◎黄ニラ　　１束（長さ３センチ）

腸内環境を改善

なめこ

なめこなど、秋が旬のきのこ類は風味が大切です。

本来の香りを逃さずいただくためにも、水で洗わないことが重要になります。山でとれた天然のものを使う場合でも、汚れはペーパータオルで拭き取ってください。

ここでは、軽く火を通しただし浸しと、なめたけレシピを紹介します。だし浸しはなめこをストレーナー（金属製ざる）に広げ、熱湯をかけることにより軽く火を通します。

だし浸しは塩分を控え、うま味によって補う有効な調理法のひとつです。だしによってなめこ本来の風味やうま味を引き立ててあげるのです。

低カロリーのなめこには食物繊維のほかに腸内環境を改善するβグルカンや二日酔いを防ぐ働きのあるナイアシンが含まれています。

傷みやすいため開封後はすぐに食べ切る必要がありますが、真空パックのまま冷凍保存すれば2～4週間はもちます。

控えた塩分をだしで補う
ホウレンソウとのだし浸し

《材料》
◎なめこ　2パック
◎ホウレンソウ　1束（硬めに塩茹でして冷水にさらし、水気を絞り、長さ3センチに切る）
◎だし汁　1カップ
◎酒　大さじ2
◎塩　小さじ2分の1
◎薄口醤油　大さじ1
◎ゆず汁　大さじ1

《作り方》
①なめこをザルなどに広げ、熱湯を回しかけ（写真）、水気を切る。
②だし汁、酒、塩を煮立て、薄口醤油とゆず汁を加えて火を切る。
③常温になったらホウレンソウとなめこを加え、和える。
④器に盛り、好みで針ゆずを散らしてもよい。

福岡memo

カロリーはほぼゼロ！ 粘膜保護作用、整腸作用あり

前にも述べたが、ネバネバの正体は水をたっぷり含んだ食物繊維。なので健康に良い。消化されないのでカロリーはほとんどない。かわりに粘膜保護作用、整腸作用がある。

なめこのネバネバは本来、きのことしてのなめこが、乾燥や凍結から身を守り、また虫害などにあわないための自己防御法として編み出したものだが、この独特の食感を好んだ人間に食べられてしまうとまでは予想できなかったはず。

スーパーで売られているパック商品は、人工栽培されて早摘みされたものだが、一度洗ってあるので日持ちがよくない。すぐに酸っぱくなってしまう（表面で乳酸発酵が起きるため）。天然もののなめこは、もう少し大ぶりで歯ごたえもしっかりしている。

ちなみになめこを含むきのこ類は植物ではない。動物、植物の他に第三の生物界をつくる“菌類”である。動けないけど、光合成もできない。他者に寄生するしかない。しかし、タダ乗りしているわけではなく、自然界の「分解者」として重要な役割を果たしている。とくに他の生物が分解できない木質（リグニン）が分解できる。なので樹木が自然に戻る。きのこが寄生する樹木はきのこによって好みがある。天然なめこはブナにつく。

9

保存食を賢く活用

食を豊かにした先人たちの知恵に感謝！

先人たちは乾燥、塩蔵、缶詰、瓶詰など、さまざまな食品の保存法を編み出してきました。

中には保存処理を施したがために、栄養やうま味が豊富になった食材もあります。干しシイタケは、その代表例です。

そもそもシイタケには動脈硬化予防効果のあるエリタデニン、抗がん作用が期待されるレンチナンが含まれているうえ、干しシイタケにはカルシウムの吸収率を高めるビタミンD、腸内環境を整える食物繊維が、生シイタケの約9倍、塩分の取り過ぎを調整するカリウムは約12倍も含まれています。干しシイタケはさらに、うま味成分であるグアニル酸も豊富です。

〝生〟をはるかに上回る栄養とうま味

干し椎茸

多くの料理本には、干しシイタケの戻し方が書かれています。水に何時間も漬けておくとか、ぬるま湯なら時短になるとか。

しかし、水やぬるま湯で戻してから調理すると、シイタケがドロッとして歯応えがなくなってしまいますし、嫌な臭いが残ります。なにより干しシイタケの持つ豊富なうま味や栄養分が流れ出てしまいます。

ここでは、干しシイタケは戻さずに使います（194ページ）。下処理はさっと水をかけて10～15分おくだけ。そのほうが歯応えも残りますし、嫌な臭いもしません。

干しシイタケは十分に乾燥、ヒダが黄白色、カサが欠けていないものを選びます。

「Shiitake」は米国でも人気食材 乾燥でアミノ酸が増加

生物としてのキノコは何に属するかご存じでしょうか。植物に似ているけれど、植物ではない。もちろん動物でもない。菌類という立派な“第三極”にある生物である。私たちが食べる部分は、植物でいうと花にあたる。季節が寒くなると開いて胞子を飛ばす。胞子は低温や乾燥に強い“種”。新しいニッチ（隙間）を求めて風に乗って広がる。茎や根にあたる部分は細い糸状になって地中に広がっているので見えないが、菌類の本体は、むしろこちらのほうにある。

菌類は植物ではないので自分で光合成してエネルギーをつくり出すことができない。なので、他の生物（主に植物）に寄り添って栄養を分けてもらう。ただし一方的に搾取しているのではなく、益もなしている。それは分解者としての作用だ。菌類の出す強力な分解酵素は、自然界では壊れにくい木材をいともたやすく分解し、自然の循環の中に戻してくれている。この分解作用によって土壌が豊かになり、他の生物の生育を支えることになる。

キノコはそれぞれに好みの宿主がいる。シイタケの場合、その名の通り、椎やコナラ、クヌギなどの広葉樹につく。独特のうま味は、シイタケの中にある分解酵素がタンパク質やDNAを分解することによって生じるアミノ酸やグアニル酸による。この分解作用は乾燥する過程で高まるので、干しシイタケのほうがよりうま味が強い。食物繊維、ビタミン、ミネラルにも富む。いまでは米国でも人気食材となり、スーパーに行くと、そのまま「shiitake」と表示されて売られている。

ついでに
もう一品

卵とのスープ

①干しシイタケ２枚に水をかけて10分おく。
②石づきを除いて５ミリ幅の薄切りにしたら、３カップのチキンスープと石づきも鍋に入れ、中火にかける。
③２～３分煮たら、酒大さじ２、ナンプラー大さじ２、白胡椒を加え、石づきを取り出す。
④溶いた卵１個を、高い位置から細い線で鍋中に入れ、火を切り、絹さやインゲン５枚の斜め千切りをちらす。

食物繊維は〝生〟の９倍

干し椎茸

揚げ煮

〝戻さない〟がコツ

揚げ煮

《材料》

◎干しシイタケ　中６枚（さっと水をかけて15分おき、石づき、汚れを除く）
◎揚げ油　　適宜
◎水　　１カップ
◎梅干し　　１個
◎酒　　大さじ２
◎みりん　　大さじ２
◎薄口醤油　　大さじ１

《作り方》

①揚げ油を中温に熱し、下処理した干しシイタケをさっと揚げて、油を切る。
②鍋に水、梅干し、酒、みりんを合わせて煮立てたらシイタケを加え、蓋をして弱火で10分煮る（写真）。
③薄口醤油を加え、さっと煮立てる。

〝丸ごと〟で栄養摂取

サバ缶

サバはもともと栄養面で注目すべき食材です。

良質なタンパク質、新陳代謝を促進するビタミンB_2、カルシウムの吸収を助けるビタミンD、その脂質には脳や血管の老化を防ぐDHA（ドコサヘキサエン酸）やEPA（エイコサペンタエン酸）などが多く含まれています。

サバ缶には身だけでなく骨、血合い、皮などが丸ごと入っています。

骨にはカルシウム、血合いにはDHAやビタミンD、皮にはビタミンB_2が多いですから、その分、栄養も豊富です。EPAは水分に溶ける性質があるので、缶の中身は煮汁もあわせてすべて調理に使いたいものです。

前項で取り上げた干しシイタケは、生以上にうま味も栄養も豊富だと書きましたが、サバ缶も同様です。生のサバを塩焼きにしてもみそ煮にしても骨、脂、血合い、

福岡memo

〝セレン〟がたっぷり！抗酸化作用低下を防止

大学院でボロ雑巾のように研究修業に励んでいた頃、となりの研究班がセレンをテーマにしていた。なので門前の小僧のたとえ通りセレンのことに詳しくなった。セレンとは原子のひとつ。生命にとっての必須微量元素。セレンの摂取が不足すると、抗酸化作用に関わる酵素の機能が低下し体調不良となる。また前立腺がんのリスクファクターにもなる。

ただし多くの日本人はセレン欠乏に陥ることはまずない。海産物にセレンがたっぷり含まれているからである。セレン補給の代表食材がサバ缶である。缶詰の魚といえば近年はツナ缶だったが、サバ缶はそれを御して、このところ大ブームになっている。安くて量が多い。そのままおかずになる。非常食にもなる。おなじみの水煮、みそ煮だけでなく、最近は多彩な味付けのサバ缶がある。サーディンのようなオリーブオイル漬け、レモンバジル風味など。フランス語の「元気？＝Ça va？（サヴァ）」をサバにかけたブランドもある。素材に使われるサバは脂が乗る旬の秋サバや寒サバが使われることが多い。この脂にも妙がある。サバは漢字で書くと鯖。つまり青い魚。必須脂肪酸で、免疫作用や神経作用の調節に重要なEPA（エイコサペンタエン酸）、DHA（ドコサヘキサエン酸）が豊富に含まれている。

サバ缶のラベルを見ると、ちゃんとその含有量が表示してあるので、今度買うとき、見てください。

煮汁を残さず食べるのは困難ですが、サバ缶にはそれらがすべて含まれていますから、栄養分を余すところなくいただけるのです。

次ページではサバ缶を使ったディップソースをバゲットとともにいただけるレシピを用意しました。このソースはサンドイッチともよく合います。

もうひと品はサバ缶を使ったカレーです。カレーはご飯にもパスタにも合います。

サンドイッチにも合う！
ディップソースバゲット

《材料》
◎サバ缶　1缶180グラム
◎玉ネギ　2分の1個のみじん切り
◎ピクルス　みじん切り大さじ2
◎マヨネーズ　大さじ2
◎サワークリーム　大さじ2
◎白胡椒　適宜
◎サバ缶の汁　大さじ3
◎レモン汁　大さじ1
◎バゲット　薄切り適宜

《作り方》
①バゲットに霧を吹いてオーブントースターでカリッと焼く。
②ボウルにサバ缶の中身を移し、玉ネギ、ピクルス、マヨネーズ、サワークリーム、白胡椒、サバ缶の汁、レモン汁を加えて、よく混ぜる（写真）。
③冷蔵庫で30分おき、焼いたバゲットといただく。

身ばかりか骨も皮も血合いも！
サバ缶

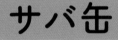

ついでに
もう一品

●簡単カレー

①オリーブオイル大さじ1、ニンニクのみじん切り小さじ1を鍋に入れて中火で炒める。

②玉ねぎ半個分薄切りを加えて炒めたら、カレー粉大さじ1を加えてさらに炒める。

③サバ缶 180 グラムの中身を汁も含めてすべて加え、混ぜながら火を通す

④醤油大さじ 1、塩、胡椒で味を調える

⑤ミニトマトのヘタを除き 4 つ切りして加える。

塩分だけは気をつけたい

アンチョビー

アンチョビーは小ぶりのカタクチイワシを塩漬けにして発酵させ、オリーブオイルに漬けたイタリア発祥の保存食材です。

アンチョビーには脳の老化を防ぐDHA（ドコサヘキサエン酸）、血管を老けさせにくくするEPA（エイコサペンタエン酸）、カルシウムの吸収を助けるビタミンD、新陳代謝を促進するビタミンB_2などが豊富に含まれています。

塩漬けにして水分が抜けている分、同量の生のカタクチイワシと比べてタンパク質なども豊富です。

ただし、調理に使うアンチョビーの量には気をつける必要があります。ただでさえアンチョビーは塩分が多いうえ、メーカーによって塩分濃度が異なるからです。

レシピに目安となる量は書きましたが、必ず味見をしながら調理を。少量でもアンチョビー独自の風味とうま味は十分、味わえます。

味見しながら塩分調整

ジャガイモとタコの炒めもの

《材料》

◎メークイン　300グラム（塩を入れてゆでてから皮をむき、一口大に）

◎オリーブオイル　　大さじ2

◎ニンニクみじん切り　　小さじ1

◎アンチョビーみじん切り　　大さじ1と2分の1（写真）

◎ゆでタコ　170グラムを一口大に

◎白ワイン　　大さじ2

◎塩、白胡椒　　少々

◎イタリアンパセリ　　粗みじん切りを適宜

《作り方》

①フライパンにオリーブオイルとニンニクを入れて中火で炒め、アンチョビーを加えてさっと合わせる。

②ジャガイモを加えてフライパンに広げ、少し焼き色をつけるように焼いたら、タコを入れて炒め、白ワインを加える。

③味をみて塩、白胡椒で調え、器に盛り、イタリアンパセリをあしらう。

福岡memo

発酵でうま味アップ！DHAやEPAも豊富

アンチョビーとは、小魚を三枚におろし、塩漬けにして冷暗所で熟成させたもの。つまり発酵食品であり、保存食品でもある。バスク地方などスペイン北部のバルではピンチョスとして定番の前菜となる。

オイルサーディンもイワシの加工食品だが、これはアンチョビーよりも大きめのイワシの頭と内臓を取ってそのまま油漬けして缶詰め加熱したもの。つまりオイルサーディンも保存食品ではあるが、発酵食品ではない。今回は塩味がよく効いたアンチョビーのほうをいただこう。

発酵させている分、アミノ酸のうま味が開いて味わい深くなっている。いわゆる青魚なのでDHAやEPAといった必須脂肪酸もたっぷり含まれる。これらの成分は免疫系の賦活化にも重要。

イワシは魚としてはとても優れており、地球の生命系においてとても重要な地位を占めている。太陽の光を海中の植物性プランクトンが光合成によって栄養分に変える。それを動物性のプランクトンが食べる。次に位置するのがイワシたちだ。群泳しながら巨大な水産資源を形成する。それがより大きな魚や鳥、アシカやクジラなどの数多くの海洋生物の糧となる。その一部を我々ヒトも分けてもらっているのである。

体を弱アルカリ性に保つ

切り昆布

日本には独自の食文化があります。明確な四季があり、四方を海に囲まれた島国だからこそ、先人たちは環境に合った食生活を営み、それを維持してきました。

そして、そういった食材は意外と身の回りや冷蔵庫に常備されていたりします。そのひとつが切り昆布です。

スーパーなどで売られている生のものを利用しても構いませんが、ここでは乾燥したきざみ昆布を使いました。保存が利きますし、水で簡単に戻せるため扱いが簡単だからです。

昆布は栄養学的にも理想の食材です。

人が老化する大きな要因は酸化です。最近の日本では、一般的に肉や加工食品など

福岡 memo

腸内環境まで影響！日本食と海藻の深い関係

中学生の頃だったか、社会科の先生が夏の宿題を出した。どうして西洋世界は、地球を征服するに至ったのか？という大きな問題だった。これは、なぜアジアやアフリカのほとんどは西洋の植民地にされてしまったのか、という問いでもある。あるいは、なぜ白人が覇権を握ったのかとも読み替えられる。

いまとなっては先生の解答が何だったのかよく思い出せない。中学生には荷が重い課題だったが、結局、学生たちに「風土」の問題を考えさせようとしていたのだと思う。

人種として白人が優れていたのではなく、彼らがたまたま、衣食住及び武器製造に有利な場所に住み着いたから優位に立てたのである。後になって、それは和辻哲郎が古典的名著「風土」で述べていたことだし、あるいはジャレド・ダイアモンドのベストセラー「銃・病原菌・鉄」のテーマでもあることを知った。

さて、日本人とフランス人の腸内細菌を調べると、日本人の腸内には海藻を分解できる微生物がいるが、フランス人にはほとんどいないという。これは、食環境に応じて腸内細菌も適応しているということ。風土に合った食事を食べるべきだという如実な証拠である。

昆布は、うま味アミノ酸を大量に含むダシの王者であるとともに、ヨウ素などミネラルも豊富。日本の食文化に欠かせない風土食だ。古来、北海道から全国に昆布を輸送した「昆布ルート」まであった。ぜひ風土の恵みを味わおう。

を多く摂取する傾向があり、体が酸性になりがちです。酸性になると疲労が蓄積されますし、さまざまな病気を誘発するといわれています。

昆布は酸性に傾いた体を、健康を保つ弱アルカリ性に近づける代表的な食材なのです。うま味成分のグルタミン酸も豊富なので、おいしくいただけます。

乾燥した昆布を台所の棚にしまっている方は多いでしょうし、ニンジンやピーマンも冷蔵庫にありがちな野菜です。

次ページでは、手軽な食材を使った炒め物にしました。缶詰のツナを合わせたのは、いいダシが出るからです。ダシに使われる昆布と炒めることで、うま味はさらに増します。

もう一品、昔からある切り干し大根と合わせたハリハリ漬け風は、酒のつまみにもなりますし、酸味が効いて食欲も増します。

干しとのハリハリ漬け風

ついでに
もう一品

●切り干しとのハリハリ漬け風

①切り昆布10グラムを戻したら、2、3カ所包丁を入れる。
②切り干し大根20グラムも水で戻し、何度も水洗いをし、臭みが消えたらしっかり絞って1カ所包丁を入れる。
③小鍋に酒大さじ3、醤油大さじ2、米酢大さじ1と2分の1、タカの爪少々、ショウガの千切り大さじ1を合わせ、さっと煮立てる。
④粗熱が飛んだら切り昆布、切り干し大根と合わせて冷蔵庫で1時間置くと薄味でいただける。密閉容器で3、4日冷蔵保存可能。

うま味成分のかたまり

切り昆布

《作り方》
①フライパンに中火でごま油を熱し、ツナを炒めたら昆布を加える。
②三温糖と酒を加えたら、さらに汁気がなくなるまで炒める。
③醤油を加え、ニンジンとピーマンを入れて火を切り、さっと合わせる。

ツナ、ニンジン、ピーマンとの炒め物

家にある食材だけで手早く

ツナ、ニンジン、ピーマンとの炒めもの

《材料》

◎切り昆布　25グラムを5分水に漬けて戻したら、水気を切っておく（写真）

◎ごま油　大さじ1

◎ツナ缶　2分の1カップの油を切る

◎三温糖　小さじ1

◎酒　大さじ3

◎ニンジン　　5センチを繊維に沿って千切り

◎醤油　　大さじ1

◎ピーマン　　2個のワタを除き、長さ5センチの千切り

「水切り」で味と食感をアップ

木綿豆腐

大豆を原料とする豆腐は、日本にも古くからある栄養豊富な風土食です。

中でも木綿豆腐は絹ごし豆腐と比べて水分が少ない分、タンパク質、脂質、カルシウムが豊富です。植物性タンパク質や脂質に多く含まれるリノール酸は血管疾患のリスクを軽減し、カルシウムは骨や歯をつくる重要な栄養素です。

冷ややっことしてそのままでもおいしくいただけますが、ここでは、水分の少ない木綿豆腐をさらに水切りしてステーキと、和え物のレシピを紹介することにしましょう（208ページ）。

水切りをすることによって、豆腐自体の味が濃くなるうえ、他の味が染みやすくなります。つまり使用する調味料が少なくて済むのです。

特にステーキは水を切ることで、表面がカリッとしますので、食感もよくなります。

水切りは木綿豆腐をペーパータオルで包

み、まな板で挟んで1時間おきます。こうすると、かなりの水分が抜けます。
料理をするうえで下処理は大切です。調理をする前にひと手間かけることで、出来上がりが大きく違ってきます。塩分を控え、なおかつおいしくいただけるのです。
ステーキはトマトの酸味を利かせたソースを合わせます。豆腐を1丁丸ごと使いますので、ボリュームもあります。
和え物はザーサイとハムの塩分だけでいただきます。そのまま、おつまみとしても、おかずとしてご飯の上にのせるのもおすすめです。

福岡 memo

「絹ごし」と「木綿」本当の違いとは?

豆腐の製法をおさらいしておこう。「腐」の文字があるが、発酵食品ではない。大豆を搾ると豆乳がとれる。その字のごとく、ミルクと同じくらいタンパク質に富んでいる。大豆ほど良質のタンパク質を含んだ植物性食材はないので、大豆は畑の肉などと呼ばれる。豆乳に、“にがり”を加えると大豆タンパク質が網目状に凝集し、プリンのようなぷりぷりのカタマリとなる。これが豆腐。

にがりとは海水からとれる塩化マグネシウムを主体とするミネラル成分。マグネシウムイオンがタンパク質表面の電荷を中和するので、タンパク質同士が近づいてくっつくという仕組み。このまいただくのが絹ごし豆腐。

いったん豆腐を崩して、布を敷いた箱に入れ、圧縮・脱水・成形したものが木綿豆腐。表面に布の跡がつく。搾った分、木綿豆腐は歯ごたえがあり、栄養素（主にタンパク質）も濃縮されることになる。そのかわり水溶性のビタミンなどは抜けやすいので、絹ごしのほうに多く含まれる。絹ごし、木綿の差は、実は、絹や木綿の布でこしているからではないのである。

豆腐の食感は楽しい。いろいろな料理に利用される。栄養も豊富。夏でも冬でもおいしい。こんな便利な食材を誰がいつ考えたのか、いまとなってはわからないが、大豆はアジア圏で紀元前から栽培されていたので、偶然発見されて、アジア独自の風土食となったのだろう。日本では、江戸期の本に登場する豆腐小僧という可愛い妖怪がいる。

ついでに
もう一品

●簡単和えもの

①水切りした豆腐とゆで卵の黄身を手で崩し、ゆで卵の白身、ザーサイ、ハムのみじん切りと合わせる。

②米酢大さじ1と2分の1、こしょうを加え、好みで香菜のざく切りと合わせる。

植物性タンパク質 No.1

木綿豆腐

《作り方》

①小鍋でオリーブオイル（大さじ1）とにんにくを中火で炒め、香味が立ったら、ミニトマトを加える。

②トマトがしっかりと煮崩れ、汁気が出てきたら酒、米酢、醤油、白こしょうの順に加え、好みの感じに煮詰める。

③水切りした豆腐に茶こしなどを通し、まんべんなく薄力粉をふる。

④フライパンでオリーブオイル（大さじ1）を中温で熱し、豆腐を加える。

⑤フタをして両面を香ばしく焼いて、皿にのせる。

⑥トマトソースを温めて豆腐にかけ、万能ネギをあしらう。

ヘルシー&濃厚な味
ステーキをトマトソースで

《材料》
◎木綿豆腐　1丁をペーパータオルで包み、まな板で挟んで1時間置いて水を切る（写真）
◎薄力粉　　適宜
◎オリーブオイル　　大さじ1×2
◎にんにく　みじん切り小さじ1
◎ミニトマト　2分の1パック分（約10個）のヘタを取り、半分または4分の1に切る
◎酒　　大さじ3
◎米酢　　小さじ1
◎醤油　　大さじ1
◎白こしょう　　少々
◎万能ネギ　　10本を小口切り

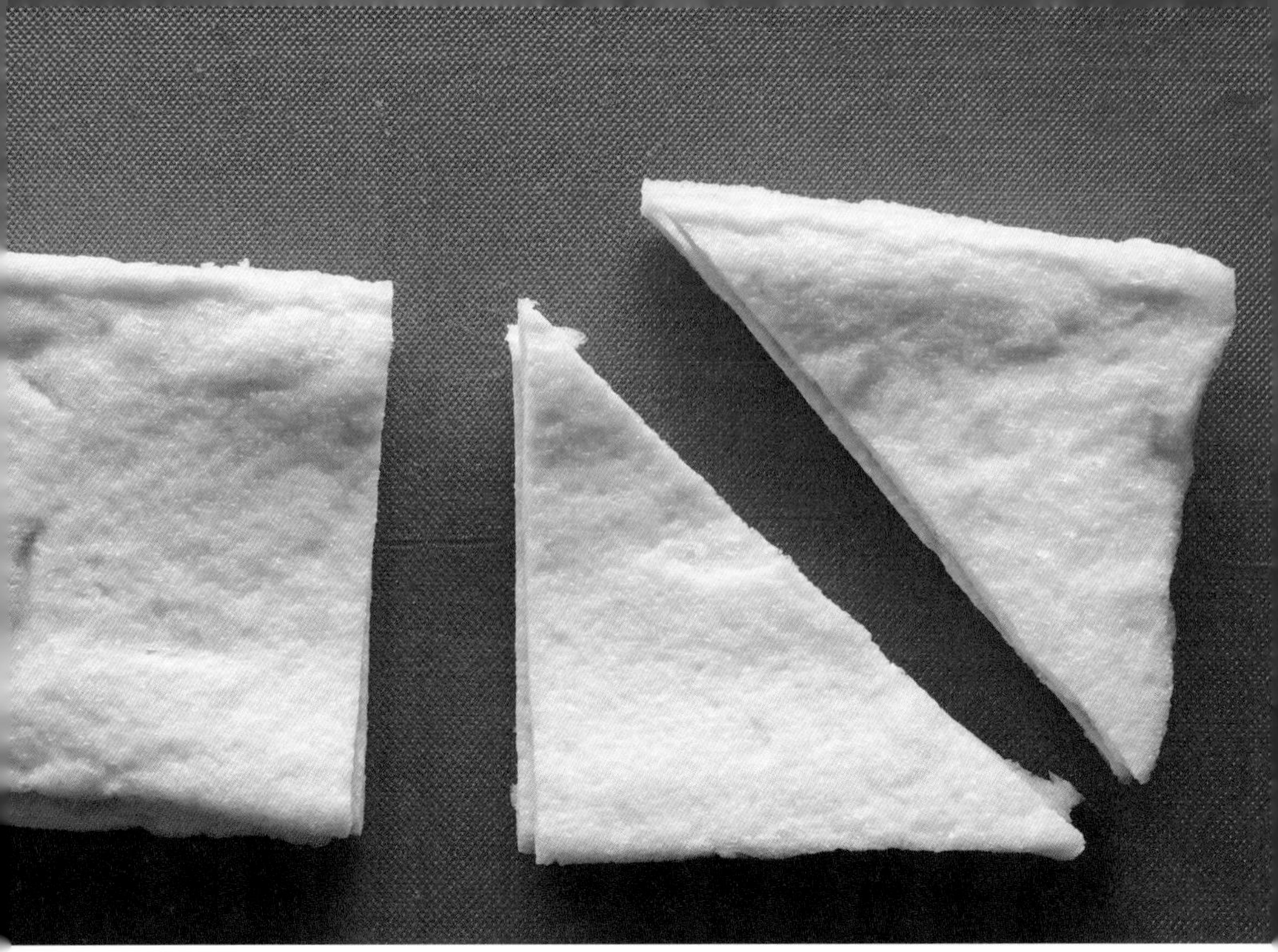

栄養面では木綿豆腐を圧倒

油揚げ

油揚げは薄く切った豆腐に圧をかけて水分を抜き、ごま油や菜種油などで揚げたものです。

最初は110度程度の低温で揚げ、次に200度くらいの高温で揚げると大きく膨らみます。

豆腐に比べると脂質が多くなりますが、大豆由来の成分はほとんど変わりません。血管疾患のリスクを軽減する植物性タンパク質やレシチン、骨や歯のもとになるカルシウムなどが豊富で、栄養満点の風土食です。

カルシウムは木綿豆腐の約2・5倍、赤血球をつくるうえで必要な鉄分は約3倍もあります。

油揚げの利点は冷凍保存が可能なことです。味噌汁、煮物、いなり寿司、おでんなどさまざまな料理に使えるうえ、冷凍したまま調理できますから、常備しておくと便利です。

抗酸化成分サポニン、コレステロール低下作用レシチンに富む健康食品

福岡 memo

私は、大学、大学院、ポスドク（研究見習）、と独身貧乏生活が長く続いたので、よく自炊をしていた。

冷凍庫には、細く切った油揚げをジップロックに入れて常備していた。お味噌汁の浮き実に少々、炒めものに少々、といつでもどこでも使えるので、大変重宝した。油揚げはダシや汁の味をよく吸うので、何にでも馴染んだ。実際、油揚げは、きつねうどんにも、いなり寿司にも、おでんの巾着にも利用され、広く食材として使われている。

油揚げはその名のとおり、薄く切った豆腐を油で揚げたもの。これが庶民の味として普及したのは、江戸時代の半ば、それまで明かりをともすための高級燃料だった油が、大豆や菜種、ごまなどから比較的安価に作れるようになってからのこと（これら油を搾るための植物を油糧種子という）。

そして各地で、その風土に合わせたご当地油揚げが生まれていった。私は、京都の下宿で学生生活を送っていたので、大ぶりで上品な味の「京揚げ」に親しんだ。新潟には「栃尾揚げ」が、宮城には「三角定義揚げ」が、愛媛には「松山揚げ」が、それぞれ名物としてある。

豆腐を油で揚げているからその分カロリーはやや増えるが、健康食であることは間違いない。含まれるサポニンには抗酸化成分、レシチンにはコレステロール低下作用、イソフラボンには骨粗しょう症の予防効果があるとされる。

ここで紹介するレシピでは、魚焼きグリルで香ばしく焼き、夏野菜をタップリとのせ、梅干しの果肉をたたいて作る梅肉ソースでいただきます（212ページ）。

梅干しも日本の代表的な風土食です。梅の実を塩蔵してから干し上げる保存食で、平安時代中期には薬として珍重された記録も残っているそうです。

酸味が効いていますので、暑い季節にバテ気味の方にも適しています。

もう一品は、しらすとの炊き込みご飯です。

こちらでは、油揚げが重要な役割を果たします。おいしさを加味するだけでなく、油分が米粒を包んでくれるため、ご飯がパサパサになりにくいのです。ナンプラーで味付けすることによってうま味も増します。

しらすとの炊き込みご飯

ついでに
もう一品

●しらすとの炊き込みご飯

①油揚げ２枚を沸騰した湯で茹でて油を抜き、ざるに取って冷ましたら、みじん切りに（プロセッサーを利用するとよい）。

②米２カップをとぎ、10分水に浸し、15分水切りして土鍋へ。

③油揚げ、ダシ１と４分の３カップ、酒大さじ3、ナンプラー大さじ２を加え炊く。

④炊き上がりにしらす干し２分の１カップを加えてむらしたら、しゃもじで切るように合わせて、おむすびにする。

冷凍保存できて便利

油揚げ

《作り方》

①梅干し、ごま油、米酢、醤油、胡椒を合わせてソースを作り、野菜も切っておく。

②油揚げを魚焼きグリルやオーブンでカリッと香ばしく焼く（写真）。

③焼きたての油揚げを一口大に切り、上に野菜をのせ、梅ソースをかけていただく。

梅干し、野菜と一緒に！

カリカリ焼き夏の香味野菜のせ

《材料》
◎油揚げ　２枚
◎セロリ　１本分の筋をひき、長さ３センチの短冊薄切り
◎みょうが　１本を縦に薄切り
◎大葉　10 枚を千切り
◎梅干し　大１個の果肉をたたく
◎ごま油　大さじ２
◎米酢　大さじ１
◎醤油　大さじ１
◎胡椒　少々

「血液サラサラ」にもってこい

納豆

ある医師がこのように言っていました。

「健康でいたかったら大豆を365日食べなさい」

良質なタンパク質をはじめ栄養分豊富な大豆を使い、先人が編み出した発酵食品が納豆です。

蒸した大豆が納豆菌によって発酵する過程で生じるナットウキナーゼという酵素には、血液をサラサラにする働きがあり、心筋梗塞や脳卒中の予防によいとされています。

脳卒中は就寝時の発汗で血液が濃くなって血栓ができ、起床時に急激に血圧が上昇することに起因するケースが多いそうです。ナットウキナーゼの効果は6〜8時間といわれているため、食べるのは朝でなく夜が理想です。

ナットウキナーゼが加熱に弱い一方で、腸内環境を整える納豆菌は熱に強い性質があります。納豆は熱を加えることによって

熟成を進めるためにかき回したら、少し常温でおいておく

福岡memo

納豆ほど、日本の自然の中で育まれた典型的な風土食と呼べるものも他にはないのではないか。納豆の起源は、すでに平安時代の文書記録にまで遡れるという。蒸した大豆を発酵させたものが納豆。この発酵に使われるのが納豆菌。納豆菌の正体は枯草菌（バチルス）。その名の通り、稲わらなどに常在する。稲わらにはもちろん他の雑菌も存在するので、単に大豆が稲わらに触れただけだと、納豆にはならずカビが生えたり腐ったりしてしまう。おそらく昔の誰かが、大豆を稲わらに包んで、稲わらごと蒸して、そのまま放置してしまったのだろう。開けてびっくり、たいへんおいしい食品に変身していた。稲わらを加熱すると雑菌のほとんどは死滅する。しかし、枯草菌は胞子をつくり熱に耐える。その結果、枯草菌の強力な酵素によって栄養素が分解され、うま味が開いた納豆ができた。いまでは、稲わらではなく、純粋に培養された納豆菌がパッケージに塗布されて納豆は量産される。

納豆には大豆由来の豊富なタンパク質と、その分解産物であるうま味アミノ酸、ビタミン類、腸内の善玉細菌のエサになるオリゴ糖などが含まれ、納豆菌自身も善玉腸内細菌となりうる。こんなに健康に良い風土食もない。ネバネバの糸はポリグルタミン酸。時間がたつと分解され、グルタミン酸となり、うま味が増す。なので、納豆をおいしく食べるコツは、何度もかき回すことではなく、かき回してから少し常温でおいて熟成を進めることである。

独特のにおいが飛ぶため、苦手な方にはお勧めの食べ方です。

ここでは、ナットウキナーゼや納豆菌の特性を考慮して加熱したものと、そうでないもののレシピを用意しました。

生姜とわかめも使った納豆と豚肉の天ぷらは、納豆が苦手という方でも召し上がれます。納豆と豚肉は相性が良いうえに、ボリュームもあります。

たくあんとの和え物は、お酒のおつまみにもなります。発酵食品同士ですし、納豆は古漬けと和えてもおいしくいただけます。

同じ食材でも調理法や食べ方を使い分けることで、さまざまな効能、効果が期待できますし、違ったおいしさを味わえるのです。

ついでに
もう一品

●たくあんとの和えもの

①納豆２パック、たくあんの粗みじん切り４分の１カップ、生姜のみじん切り小さじ１、オリーブオイル大さじ１をまぜ合わせる。
②大葉を５枚ほどちぎってあしらう。

熱に強い納豆菌、
熱に弱いナットウキナーゼ

納豆

《作り方》
①すべての材料をボウルでまぜ合わせる（写真）。
②スプーンで一口大の大きさにすくったら、中温度に熱した揚げ油の中へ。
③途中、上下を返し、カリッと揚げる。
④ペーパータオルに取り、油を切ったら、熱いうちにいただく。
⑤お好みでレモンを搾って。冷めてもおいしくいただけるので、お弁当にも。

「納豆が苦手」の人向き

豚肉との天ぷら

《材料》
◎納豆　2パック
◎豚ロース　薄切りを300グラム。1センチ幅に切る
◎にんにくみじん切り　小さじ1
◎生姜みじん切り　大さじ1
◎乾燥わかめ　4分の1カップをハサミで5ミリ大に切る
◎醤油　大さじ1
◎片栗粉　大さじ2
◎薄力粉　大さじ1
◎酒　大さじ2
◎卵　半個分
◎白こしょう　少々
◎揚げ油　適宜
◎レモン　適宜

下処理がおいしさを引き出す

こんにゃく

こんにゃくは、昔から「おなかの砂おろし」とか、「胃のほうき」などと言われてきました。

原料のコンニャクイモに含まれる食物繊維のコンニャクマンナンが有害物質を吸収、体外に排出してくれるからです。

満腹感がある割にカロリーがゼロなので、ダイエットにも最適の風土食です。

そんなこんにゃくをおいしくプリプリに、なおかつ、塩分を控えめに仕上げるために大切なのが下処理です。

こんにゃくを使った料理をした方から、「調味料をたくさん使っているのに、なぜ、味が染みないのか」という声をよく耳にします。

理由は下茹での時間が短いからです。こんにゃくは97%が水分。これだけ水分がありますと、いくら調味料を使っても味は入りません。

こんにゃく1枚につき小さじ1杯分の塩をよくすり込んだうえで、水から20分、茹でます。これによって水分とともに、こんにゃくを固めている水酸化カルシウムや炭酸ナトリウムが除去できるので、特有の臭みも消えます。

これで終わりではありません。茹であがったら、さっと水洗い、水気を切ったうえで、こんにゃくがキュッキュッと鳴くまでから煎りします。徹底的に水分を抜くことによって、少ない調味料でも味が染みます。結果として塩分を控えることができるのです。

ここでは、下処理をしたうえで、甘辛味の雷こんにゃくと鶏ムネ肉との炒め物のレシピを紹介します（220ページ）。

なお、雷こんにゃくは、から煎りするときに大きな音がすることから、この名前が付いたともいわれています。

「黒いツブツブ」はひじき！その誕生秘話を明かす

こんにゃくの中に入っている黒いツブツブは一体何でしょう？　この質問は、私も時々出演していたNHKの人気番組「チコちゃんに叱られる!」で出題され、誰も答えられず、チコちゃんに「ボーっと生きてんじゃねーよ!」とどやされることになったのだが、答えは、意外なことに「ひじき」である。

こんにゃくになぜ、ひじきが入っているのか。それを知るためには、そもそもこんにゃくの製法をおさらいする必要がある。こんにゃくはコンニャクイモ（というサトイモの仲間）の地下茎に含まれるコンニャクマンナンという多糖類から作られる。コンニャクイモの原産国はインドから東南アジアの地域。読んで字のごとく糖をたくさん含んでいるのだが、ジャガイモやサツマイモに含まれる多糖類（デンプン）とは違って、人間の消化酵素で分解することができない。だから栄養源としては価値がない。

昔人はそれでも何かの足しになると考えたのだろうか。あるいは独特のプリプリした食感が面白いと感じたのか、アジア圏の風土食となって日本にも伝わった。古くは飛鳥時代に記録があり、鎌倉時代には食材として普及し、精進料理に用いられるようになった。ほぼゼロカロリー、かつ、腹の中に入ると水を吸って膨張するので、満腹感をもたらすことが奏功し、現代では格好のダイエット食品としてもてはやされるようになった。昔は、コンニャクイモを皮ごとじかにすりおろして製造されていたため、皮の断片が混じって独特の風合いを持っていた。精製した粉は長持ちするので、後に、粉から作るコンニャク製法が普及したが、その際、彩りづけとしてひじきや海藻を入れる習慣ができたという。これでいいですよね、チコちゃん。

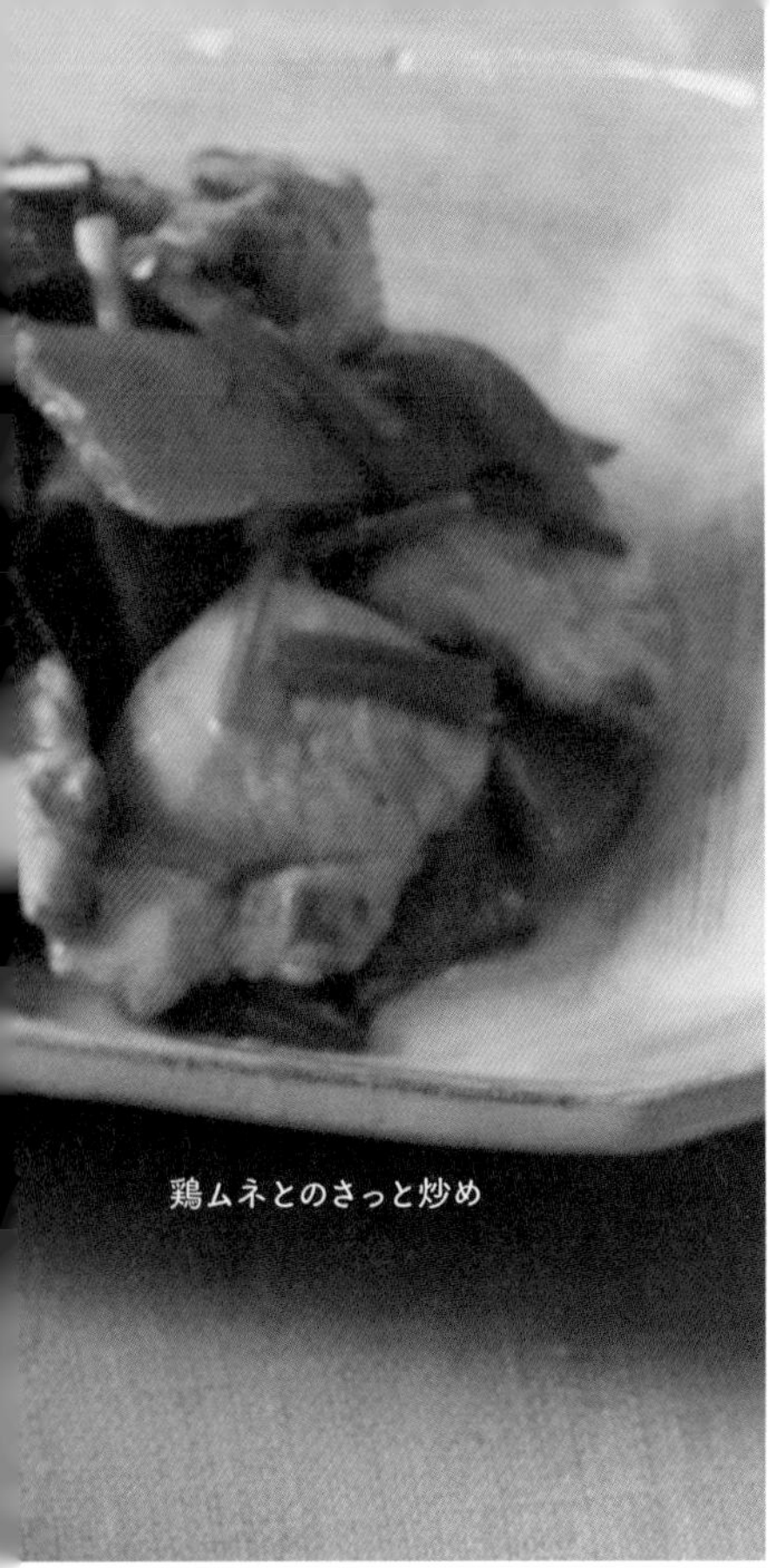

鶏ムネとのさっと炒め

ついでに
もう一品

●鶏ムネ肉とのさっと炒め

①鶏ムネ肉1枚分の皮と余分な脂を除き、そぎ切りに。
②片栗粉小さじ1、塩小さじ1と2分の1、ごま油大さじ1、ショウガの搾り汁小さじ1を合わせたものに15分漬ける。
③黒こんにゃく1枚を5ミリ幅の三角の薄切りにして塩をすり込み、下茹で。
④さらに煎る。ごま油を足し、鶏肉を合わせて炒めたら、豆味噌大さじ1と2分の1、みりん大さじ1、酒大さじ2、醤油小さじ1を合わせたものを加え、さらに炒める。
⑤万能ネギ10本を長さ3センチに切りそろえ、さっと合わせて火を切る。

格好のダイエット食材

こんにゃく

《作り方》
①ちぎったこんにゃくに塩をよくすり込み、中鍋で約20分間、中火で茹でる。ザルにあげて水分を切ったら鍋に戻し、から煎りして、さらに水分を抜く(写真)。
②鍋にごま油と鷹の爪を入れて炒め、酒、みりんを加える。汁気がなくなるまで炒めたら、味をみて醤油を鍋肌から回しかけてなじませる。
③器に盛り、白ごまをあしらう。

甘さと辛さが絶妙にマッチ
雷こんにゃく

《材料》
◎黒こんにゃく　１枚をスプーンで一口大にちぎる
◎塩　小さじ１
◎ごま油　大さじ１
◎鷹の爪　３～４本を小口切りに
◎酒　大さじ２
◎みりん　大さじ１
◎醤油　大さじ１と２分の１
◎白ごま　小さじ１

11

ホールフード主義

食材の「すべてを養」をムダなくいただく

強い香り、苦みが魅力！

ウド

春野菜の持つ力強さは、ときに苦味だったり、えぐみだったりすることがあります。淡泊な味ではなく、その野菜がもつ「押しだし」の強さのようなものも旬の野菜の魅力です。

ウドはアクが強い野菜として知られています。しかし、アクというより、強い香り、苦味こそがウドの魅力で、そこに春があるのです。

一般的な料理の教科書には、アク抜きのため酢水に漬ける、あるいは茹でると書いてあります。しかし、昨今、スーパーで売られているウドには、それほどのアクはありません。

型通りのアク抜きをしていたら、ウドの

「丸ごと」で食して栄養素をパーフェクトに摂取

福岡memo

ホールフーズといえば米国の自然食品スーパーマーケットチェーン。どの店舗も広大なスペースに新鮮な有機食材が満載、いつも買い物客で賑わっている。肥満が多い米国人だが、心ある人は食へのこだわりと健康志向が異常に強い。

ところで、ホールフーズの原義は「丸ごと食品」ということ。丸ごと、つまり小魚なら頭から尻尾まで、野菜なら葉っぱ、茎、根っこまで全部を一挙にいただくことが、一番正しい食べ方である、ということ。

なぜなら丸ごと食品にはその生命体に必要な栄養素が過不足なく含まれており、それは我々人間の健康にそのまま反映されるからである。トロとか霜降りとかキモなどもそれなりにおいしいが、ホールフーズの視点から見ると、生命体の一部には栄養に偏りが出る。

さて、今回の食材は旬のウド。ウドの大木という言い方もあるが、それだけ成長が早いということ、つまり植物体の中を激しく栄養素が動いている証拠。成長点の穂先には糖質とアミノ酸が集中。甘味とうま味が凝集されている。皮は食物繊維、身はミネラルやビタミンの宝庫。これぞホールフード。

香りが飛んでしまいます。

それでは、旬を丸ごと楽しむことはできませんし、ウドという食材のパワーを享受できなくなってしまいます。

ですから、次ページでのレシピではアク抜きの工程を入れていません。産毛の処理も包丁を使わず、スポンジでこすり落とすだけです。

煮浸しに使う白い部分はレシピのように大きく切れば、歯ごたえも含めて、ウドを実感できます。焦げ目が香りを引きたて、梅のだし汁は塩分を控えめにしてくれます。

皮はきんぴらに。砂糖は入れません。穂先のほうはえぐみがあるので、ホタルイカと合わせて、佃煮風にしました。旬のお料理は出合いの組み合わせを大事にします。春が2倍になるからです。

やさしい風味が生まれる

ウドの焼き浸し

《材料》

◎山ウド …… 30 センチを 2 本

◎オリーブオイル …… 大さじ 2

◎だし …… 1カップ

◎酒 …… 大さじ3

◎梅干し …… 1個

（果肉は叩く、種はきんぴらに）

◎薄口醤油 …… 大さじ1

《作り方》

①穂先から軸下に向けてウドの産毛をスポンジでこすり落とす。軸下約3センチを切り落とし、10センチに切りそろえる。穂先は取り置く。

②皮を5ミリの厚さでむき取り置く。

③ウドの全体にオリーブオイルを塗る。250度に予熱したオーブンか魚焼きグリルで焼き色がつくまで焼く。

④Aを小鍋で煮立てたら火を切る。薄口醤油を加え、焼き上がったウドを漬ける。常温になったら盛り付けていただく。

ついでに
もう一品

穂先も、皮も食す

ウド

皮のきんぴら

①取り置いた皮を長さ5センチ、幅5ミリの棒状に切り、ごま油大さじ1を熱したフライパンで炒める。

②梅干しの種、みりん大さじ1、薄口醤油大さじ1を加え強火で炒り飛ばす。

③最後に白ごまをあしらう。

穂先とホタルイカの佃煮風

①小さい土鍋、または準じた鍋に目玉とくちばしを除いた茹でホタルイカを入れ、ウドの穂先や枝葉の部分を小さめの乱切りにして加える。②酒2分の1カップを加えてさっと煮立てる。③三温糖大さじ1を加えて溶けたら、醤油大さじ2を加え、好みの具合に煮詰める。木の芽をあしらって。

穂先とホタルイカの佃煮風
皮のきんぴら
ウドの焼き浸し

良質

鯵（アジ）

5月頃から夏にかけて旬の鯵は、おいしいだけでなく、栄養面でもとても優秀な食材です。

まずは良質なタンパク質が豊富です。食品のタンパク質が良質なものかどうかを示す指標に「アミノ酸スコア」があります。アミノ酸スコアが100に近いほど、体内でタンパク質が有効活用されるのです。鯵は牛乳や鶏卵、豚肉、鶏肉などと並んでアミノ酸スコアが100ですから、極めて良質なタンパク質と言えます。

タンパク質は、筋肉や臓器をはじめ、人体のあらゆる組織をつくるために必要不可欠な栄養素です。

加えて脳の老化を防ぐDHA（ドコサヘキサエン酸）や血管の老化を防止するEPA（エイコサペンタエン酸）も多く含んでいます。

そんな鯵の栄養素をすべて摂取しようと思ったら生に限ります。そこで、どんぶり

福岡memo

骨はカルシウムの塊！魚の背骨の生物学的意味とは――。

海辺で鳥を見てみると、くちばしで捕らえた魚を、上を向いて上手に喉の奥に入れ、そのまま丸のみしてしまう。頭から尻尾まで、魚のいのち全体をホールフード（まるごと食品）としていただく。そこにはすべての栄養素が含まれているから。生命の基本である。

ちなみに、ヒレやトゲが喉にひっかかると痛くないのかと思うが、鳥も工夫している。たとえば、カワセミのオスは捕らえた魚をメスにプレゼントするが、そのときちゃんと持ちかえて頭を先にして差し出している。さすがに我々は魚を丸のみできないので、骨までいただこうとすると調理に工夫がいる。ここでは高温で香ばしい骨せんべいにした。

骨はカルシウムの塊。私たちの骨の原料になる。それだけではない。およそ5億年前、それまでクラゲやミミズのようになよなよしていた生物から魚が進化したとき、一大ジャンプが起きた。背骨の発明である。背骨のおかげで生物は体を支え、大型化することができた。以降、両生類、爬虫類、鳥類、そして我々哺乳類に至る脊椎動物の大発展は、もとはといえば魚が背骨を作ってくれたおかげである。骨せんべいに心からの感謝を。

のレシピを紹介することにします。

ご飯のうえに大根のつま、きゅうり、大葉をタップリ。その上に鯵の切り身をのせ、豆板醤ソースでいただきます。

豆板醤はそら豆と赤唐辛子に、塩と小麦粉を加えて漬け込み、天日で干しながら3年間発酵熟成させた中国料理の調味料です。豆板醤を加えることで、コクとまろやかな辛味が加わって、鯵のうま味をいっそう引き立てます。

もちろん骨もいただきます。うま味を加えるため、小魚を塩蔵して発酵させた調味料のナンプラーで塩気を補い、カリッと仕上げます。

一緒にいただく新海苔の吸い物はあえて煮ないことで、その風味を楽しめるのです。

新海苔の吸い物

ついでに
もう一品

骨せんべい

①骨の間の血合いをようじなどで取り除く。
②３尾分の鯵の骨を、水（1カップ）、ナンプラー（大さじ2）、酒（大さじ2）を合わせた中に15分間漬ける。
③市販の脱水シートに包み、一晩、冷蔵庫におく。
④部屋の中でも構わないので、できれば平ざるの上で半日、陰干しをするとより良い。
⑤魚焼きグリルであぶるか、素揚げにして。

できれば〝生〟でいただく

鯵

にしてから千切りにすると細く切れる。いったん水にさらし、水気を切り、ペーパータオルで包んでからしっかりと絞る。千切りにした大葉をさらに手でちぎるとより風味が立つ。
③器に盛ったご飯の上にきゅうり、大根、大葉を混ぜたものをのせ、その上に鯵の刺し身を。鯵の上にショウガのすりおろし（適宜）を添え、①で合わせておいた豆板醤ソースをかけていただく。

新海苔の吸い物

①だし３カップを沸かし、酒大さじ３、塩小さじ２分の１で味を調える。
②新海苔を目の細かいザルでさっと洗い、水気をしっかり切り、お椀に適量入れておく。
③温めただしに香り付けの薄口醤油を加えたら火を止め、お椀に注ぐ。

鮮度が命
どんぶり

《材料》
◎鯵　中くらいの大きさのものを3尾
◎きゅうり　1本
◎大根　3センチ
◎大葉　1束
◎醤油　4分の1カップ
◎ショウガのすりおろし　大さじ1、適宜
◎米酢　大さじ2
◎豆板醤　小さじ1

《作り方》
①鯵を三枚におろし、骨は取り置く。腹骨をそぎ、中骨の気になる部分を抜き、皮を剥いたら、一口大のそぎ切りにする。醤油、ショウガのすりおろし（大さじ1）、米酢、豆板醤を合わせておく。
②きゅうりは斜め薄切りにしてから千切り。大根は皮を剥き、繊維に沿った千切りに。おのおのペーパータオルに包み冷蔵庫に入れ、余分な水分を飛ばす。大葉は棒状

「始末」で老化防止

芝エビ

料理の世界には「始末」という言葉があります。京都や大阪など、昔から主に関西で使われていました。食材を最後まできちんと使い切ることを意味します。

魚なら皮も含めて頭から尻尾まで、野菜は丸ごと料理に使用する。工夫して食材を残らず使い切ることを「始末する」と言います。

節約や無駄遣いを防ぐことが本来の目的ではありません。野菜しかり、魚介類しかり、せっかく命あるものをいただくわけですから、感謝の気持ちを込めて最後までおいしくいただこうということです。

野菜の皮は特に味や香りが強いですし、魚も頭やアラはおいしくて、なおかつ栄養が豊富です。福岡先生のおっしゃる「ホールフード主義」は、ある意味「始末の料理」でもあります。

ここで取り上げる芝エビは、熱を加えると赤くなる色素成分のアスタキサンチンが

甲殻類の〝ミソ〟は肝臓です ここには鉄分がいっぱい

福岡memo

自然界を眺めてみると、ヘビでもカエルでも、捕らえた獲物はそのままパクリ。つまり、生物はちゃんとホールフード（丸ごと食品）を心がけている。食べることは、生きること。丸ごといただくことによって、生命とそこに含まれる全栄養素をすべて受け取るのである。我々もできればそれを見習いたい。

硬いうろこや骨があるとそう簡単にいかないことも多いが、芝エビくらいならホールフードの教えを実践できる。芝エビは近海で捕れる小型のエビ。エビの子どもではなく、立派な大人。昔は芝浦沖で漁獲されたのでこの名がある。

芝エビを丸ごと食べると良いことがいっぱい。解毒作用に重要なアミノ酸タウリン、抗酸化作用を持つビタミンE、骨の成長に必須のビタミンDとカルシウムを豊富に含む。エビの殻はキチンという物質で、ヒトには直接栄養素とはならないが食物繊維として働き、コレステロールや毒素の吸着作用がある。また独特のうま味を持つ甲殻類のミソは、脳みそではなく肝臓。ここにも鉄分がいっぱい。芝エビは小なりとはいえ完全食品なのである。

含まれています。

アスタキサンチンは体や血管の老化を防ぐ抗酸化作用や、動脈硬化を抑制する作用があります。「始末」によっておいしく、なおかつアンチエイジングを実践できれば理想的です。

次ページでは、身をかき揚げに、頭や殻は良いだしが取れるので、アメリケーヌソースにして温泉卵とグラタンにしてみました。

アメリケーヌソースはフランス料理のソースの一種で、エビ独自の甘味やうま味が味わえるため、シーフードグラタンやシチューパスタに使ってもおいしくいただけます。

甘みとうま味を堪能
新玉ネギとのかき揚げ

《材料》
◎水　1カップ
◎卵液　2分の1個
◎薄力粉　大さじ4＋適宜
◎かたくり粉　大さじ2
◎芝エビ（殻付き）
　500グラム
◎新玉ネギ　中1個
◎ミツバ（ざく切り）
　3分の1カップ
◎揚げ油　適宜
◎塩、レモン　適宜

《作り方》
①水と卵液を混ぜたものと、薄力粉とかたくり粉を混ぜたものを、別々に冷蔵庫で冷やす。
②芝エビの頭を外し、殻をむき、頭と殻は取り置く。身は背ワタを抜き、大きなものは2～3センチに切る。2～3センチに切った新玉ネギ、ミツバと合わせたら、茶こしを通した薄力粉を全体に薄くふりかけておく。
③揚げ油を170度に熱する。①をざっくり混ぜ合わせたものと、4分の1カップほどの②を合わせたら小さなおたまで油に静かに流し入れる。散った具材はすぐに箸で真ん中に集める。片面に火が通ったら裏返し、両面に火が通ったら、すくい網で油から取り出し、ペーパータオルにのせて油を切る。熱々のうちに塩とレモンでいただく。

身、頭、殻のすべてを食す
芝エビ

ついでに
もう一品

アメリケーヌソースと温泉卵のグラタン
①芝エビの頭と殻と白ワイン4分の1カップを小鍋でサッと煮たら、すり鉢であたるかプロセッサーにかける。
②こした汁は生クリーム、塩、白こしょうで味を調え、温泉卵と合わせてオーブン皿へ。
③ナチュラルチーズとパルミジャーノチーズを上にのせ、オーブンで香ばしい焦げ目がつくまで焼く。

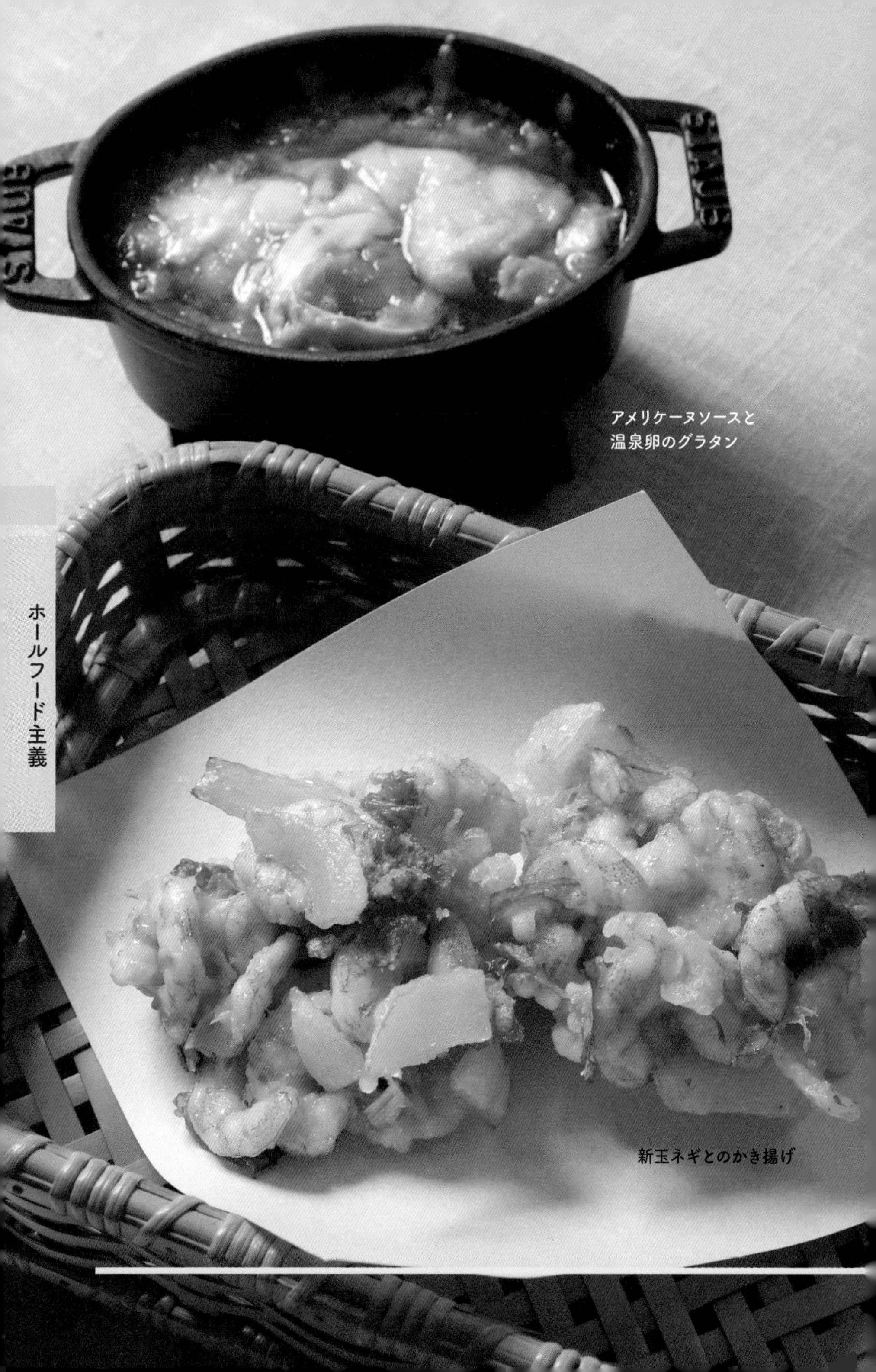

アメリケーヌソースと
温泉卵のグラタン

新玉ネギとのかき揚げ

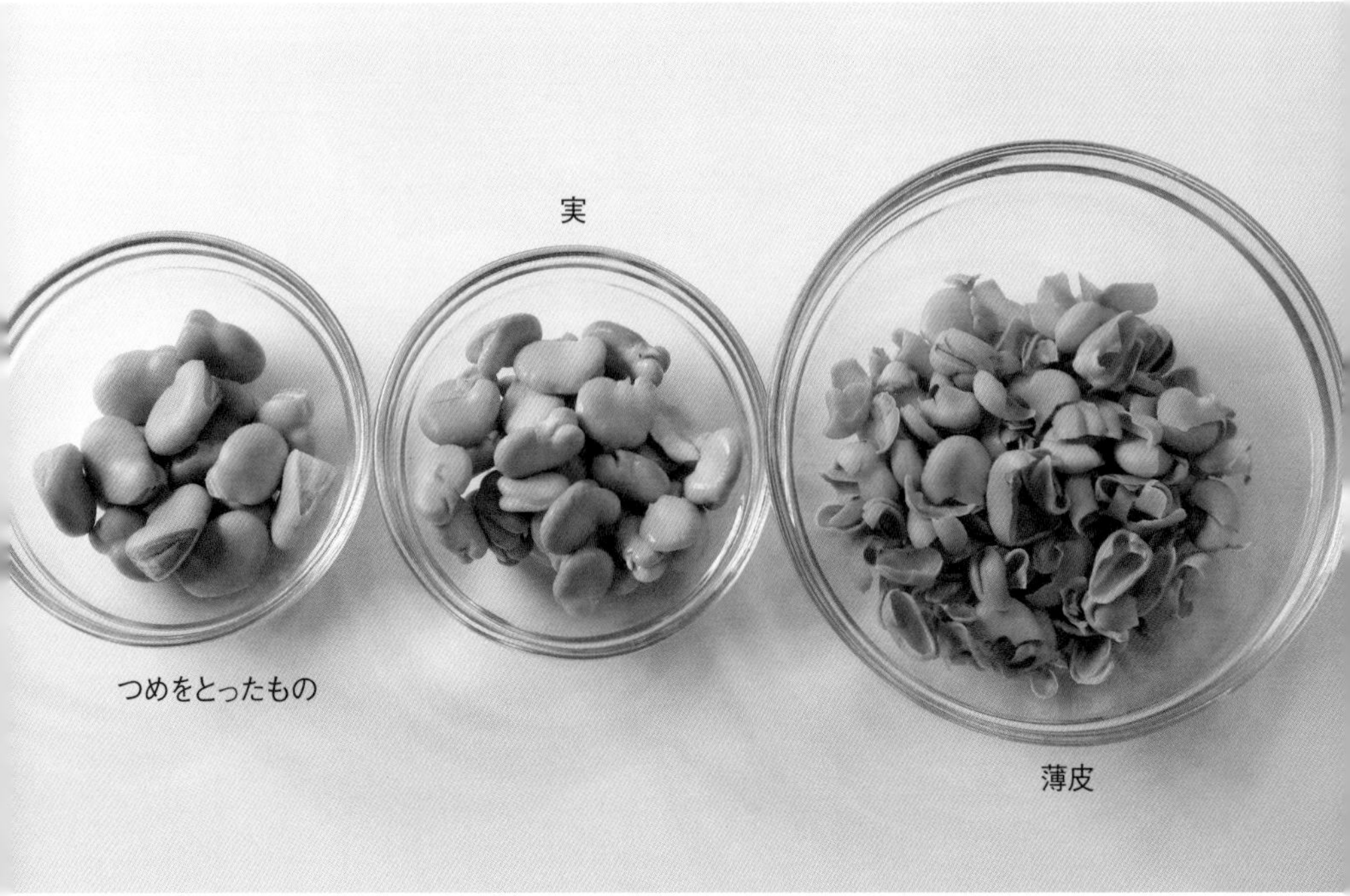

カリウム豊富なヘルシー食材

そら豆

さやが空に向かってつくことからその名が付いた「空豆（そら豆）」は栄養が豊富です。中でも多く含まれている植物性タンパク質はコレステロール値を低下させたり、正常に維持する作用があります。

同様に豊富なカリウムはナトリウムの排泄を促して血圧を下げる働きがあり、本書の大きなテーマである「塩分を控える」ことにもつながります。

２３６ページで紹介するレシピのメインはアオリイカとの炒め物にしました。イカとは食材としての相性が良いうえ、そら豆にはアルコールの分解に必要なビタミンB1、イカには肝臓の働きを助けるタウリンが豊富なため、お酒を召し上がる方にも最適です。

ここで強調したいのはそら豆の薄皮です。食物繊維、ビタミンやミネラル源として体に良いばかりか、豆そのものよりむしろ味が濃い。さっと煮は薄皮ごといただくのが

福岡 memo

低カロリーでヘルシー 生命誕生に必要な栄養がすべて含む

そら豆にしろ、大豆にしろ、ピーナツにしろ、ポリポリおいしく食べてしまって、はい終わり。その由来に思いをはせる機会はほとんどないけれど、たまには豆の気持ちになってみよう。

そもそも豆とはこれから新たに芽を出し、植物体を作り出すための栄養貯蔵庫。動物でいえば卵にあたる。それゆえ生命の発生に必要な栄養素がすべて含まれている。豆自体がホールフード（生命を支える丸ごと食品）なのである。

また、豆は人間にとっても家畜にとっても重要な食料であり、植物油、味噌、醤油など加工食品の材料にもなる。豆なしには人類の生存は考えられない。

中でも、大粒のそら豆には、タンパク質、糖質、脂質、ビタミン、ミネラル類がバランスよく含まれており、しかも油糧種子として知られる大豆やピーナツに比べてオイルの量は断然少ないので（100 グラム当たりにして約 10 分の 1）、低カロリーのとてもヘルシーな食材といえる。

ここではすり流しでそら豆の香ばしさと甘味を楽しみ、普通は捨ててしまう皮も食べる工夫をして、さらにホールフードとしての特性を引き出した。皮は、食物繊維としても、ビタミンやミネラル源としても有用なのでぜひ残さず食べたい。

お勧めです。

すり流しではこの薄皮だけでなく、つめも使います。つまり、そら豆を丸ごと楽しもうという意図です。少しは食感があったほうがよいので、粒子を残すくらいで召し上がってください。

「塩分を控えめ」でもおいしい
アオリイカとの炒めもの

《材料》
◎そら豆　100グラム（薄皮の中央に包丁の先で傷をつけて剥き、薄皮は取り置く）
◎酒　大さじ2、4分の1カップ
◎アオリイカ、または白イカ　100グラム(2センチ幅の一口大)
◎かたくり粉　小さじ2分の1
◎ごま油　大さじ2
◎三温糖　大さじ1と2分の1
◎塩　小さじ2分の1
◎白コショウ　少々

《作り方》
①薄皮を剥いたそら豆は酒（大さじ2）と合わせ、アオリイカは、かたくり粉を全体に回るように振りかけておく。
②中華鍋は中火。ごま油を入れてしっかりと熱したら、そら豆を酒ごと加え軽く炒める。酒（4分の1カップ）をさらに加えて、そら豆の色が鮮やかになったら、三温糖、イカを加え炒める。
③水気がなくなったら、味をみながら塩と白コショウで調味する。

薄皮もいただく
そら豆

すり流し
①そら豆150グラムと、取り置いた薄皮とつめを合わせてチキンスープ500ccと酒4分の1カップを合わせて煮て、フードプロセッサーにかけるか、すり鉢であたる。
②味は塩のみで味を付けて。

ついでに
もう一品

さっと煮

①そら豆 70 グラムのつめをそぎ、つめは取り置く。
②小ぶりの土鍋または準じた鍋に入れ、酒大さじ 3 とみりん大さじ 2 でふたをして汁気を飛ばしたら塩小さじ 4 分の 1 で味を調える。

あとがき

おいしくて体に良いレシピに、ぜひチャレンジを

メニューを考えるとき、以前の私は、食材の選択、組み合わせからはじまり、まずは美味しさが一番、次に食感、そして素材の色味による見た目といった順に考えていました。

けれども、最近はちょっと変わりました。

「この先、健康で楽しい生活を1日でも長く続けるためにどうすればいいか」

そう考えるようになったのです。もちろんおいしさ、食感の大切さは譲れませんが、「食」の健康効果を強く意識するようになったのです。

そんなとき、㈱日刊現代の寺田俊治社長から『日刊ゲンダイ』での連載のお話をいただきました。

「体に良くて、男性でも簡単に作れるけど、手抜き料理ではないおかずや酒の肴のレシピをご提案いただけませんか？」

しかし、ちょっと緊張してしまうようなシナリオが用意されていました。なんと生物学者の福岡伸一先生とのコラボレーション企画だったのです。「食材に関して、栄養学以外の観点からももっと深く知りたい」と常々感じていた私にとって、じつにうれしいご提案でした。

スタートしてみると、この連載は私にとって大きな楽しみになりました。取り上げる食材、レシピに関して、福岡先生は生物学者ならではの視点から、興味深いエピソードを交えながらウイットに富んだ文章で解説をしてくださいました。

今回、単行本化されるにあたり、多くの方々にこの本で紹介したレシピにチャレンジしていただければ、著者としてうれしいかぎりです。

「おいしかった」「そんな歴史があったのね」「栄養効果について知なかったわ」「真似して作ってみよう」……。読者の方々から、そんな言葉が聞けたらと願ってやみません。

本書では、手に入りやすい季節の素材、どちらの家庭にも常備されている調味料を使ったレシピを紹介しています。さらに料理科学をベースに、ちょっとしたアイディアと盛り付け方をご紹介しています。簡単簡単、手抜き料理が流行りのようですが、ちゃんと「理《ことわり》」を「料《はか》」ることが逆に手をかけない早道だと私は考えています。

最後になりますが、福岡伸一先生、寺田俊治社長に心からお礼を申し上げます。

また、連載時にお世話になった『日刊ゲンダイ』編集部の崎尾浩史さん、写真部の中西直樹さん、単行本化にご助力いただいた日刊現代書籍事業部の石井康夫さんにも感謝の意を伝えたいと思います。

松田美智子

2024年　新春

読者の方々の食卓が楽しく、おいしいものになることを願って。

本書の第１部は福岡伸一氏の書き下ろし原稿です。第２部は『日刊ゲンダイ』（２０１９年４月４日号から２０２０年５月１号）に連載された福岡伸一氏と松田美智子氏による「ようこそ不老不死レストランへ」の記事から主要部分を抜粋し、大幅に加筆、修正して再構成したものです。

福岡伸一（ふくおかしんいち）

1959年東京生まれ。京都大学卒。ハーバード大学研究員、京都大学助教授などを経て、現在、青山学院大学教授・米国ロックフェラー大学客員教授。生物学者・作家。専門分野で論文を発表するかたわら、一般向け著作・翻訳も手がける。代表作『生物と無生物のあいだ』（講談社）は、サントリー学芸賞および中央公論新書大賞を受賞し、88万部を超えるベストセラーとなる。他に『世界は分けてもわからない』（講談社）、『プリオン説はほんとうか？』（講談社ブルーバックス、講談社出版文化賞）、『生命と食』（岩波書店）、『動的平衡』シリーズ（木楽舎／小学館新書）。小説に『ドリトル先生ガラパゴスを救う』（朝日新聞出版）など著書多数。大のフェルメールファンとしても知られ、リクリエート・フェルメール展を監修、著書に『フェルメール光の王国』、『フェルメール隠された次元』がある。また、2025年開催の大阪・関西万博のテーマ事業プロデューサーに就任、パビリオン「いのち動的平衡館」の建設を進めている。

松田美智子（まつだみちこ）

1955年東京生まれ、鎌倉育ち。女子美術大学卒。料理研究家、日本雑穀協会理事、テーブルコーディネーター、女子美術大学講師。ホルトハウス房子に師事し、各国の家庭料理、日本料理、中国料理など幅広く学ぶ。1993年より「松田美智子料理教室」を主宰。季節感を大切にした、美しく作りやすい料理を心がける。2008年、使い手の立場から本当に必要なものを考えて開発した調理道具、食器のプライベートブランド「自在道具」を立ち上げる。『季節の仕事(天然生活の本)』（扶桑社）、家庭料理は郷土料理から始まります。』（平凡社）、『認知症知らずの脳活生活・脳活ごはん』（朝田隆氏との共著、さくら舎）など著書多数。

生物学者《せいぶつがくしゃ》と料理研究家《りょうりけんきゅうか》が考《かんが》える
「理想《りそう》のレシピ」
2024年1月31日　第1刷発行

著者　福岡伸一《ふくおかしんいち》・松田美智子《まつだみちこ》

発行者　寺田俊治

発行所　株式会社　日刊現代
東京都中央区新川1-3-17　新川三幸ビル
郵便番号　104-8007
電話　03-5244-9620

発売所　株式会社　講談社
東京都文京区音羽2-12-21
郵便番号　112-8001
電話　03-5395-3606

表紙・本文デザイン　スタジオ・ソラリス

校正　川井一夫

DTP　株式会社キャップス

印刷所／製本所　中央精版印刷株式会社

定価はカバーに表示してあります。落丁本・乱丁本は、購入書店名を明記のうえ、日刊現代宛にお送りください。送料小社負担にてお取り替えいたします。なお、この本についてのお問い合わせは、日刊現代宛にお願いいたします。本書のコピー、スキャン、デジタル化等の無断複製は著作権法上での例外を除き禁じられています。本書を代行業者等の第三者に依頼してスキャンやデジタル化することはたとえ個人や家庭内の利用でも著作権法違反です。

© Fukuoka Shnichi　Matsuda Michiko
2024,Printed in Japan

ISBN978-4-06-534462-0